中华先贤人物故事汇

顾炎武

薛 舟 著

中华书局

图书在版编目（CIP）数据

顾炎武/薛舟著. —北京:中华书局,2022.11（2025.7重印）
（中华先贤人物故事汇）
ISBN 978-7-101-15632-4

Ⅰ.顾… Ⅱ.薛… Ⅲ.顾炎武（1613~1682）-生平事迹
Ⅳ.B249.1

中国版本图书馆 CIP 数据核字（2022）第 011718 号

书　　名	顾炎武
著　　者	薛　舟
丛 书 名	中华先贤人物故事汇
责任编辑	董邦冠
责任印制	管　斌
出版发行	中华书局
	（北京市丰台区太平桥西里 38 号　100073）
	http://www.zhbc.com.cn
	E-mail:zhbc@zhbc.com.cn
印　　刷	三河市宏达印刷有限公司
版　　次	2022 年 11 月第 1 版
	2025 年 7 月第 3 次印刷
规　　格	开本/787×1092 毫米　1/32
	印张 5　插页 2　字数 50 千字
印　　数	5001-6500 册
国际书号	ISBN 978-7-101-15632-4
定　　价	20.00 元

出版说明

　　孔子周游列国，创立儒家学说；张骞出使西域，开辟丝绸之路；书圣王羲之，留下了曲水流觞的佳话；诗仙李白，写下了"举头望明月，低头思故乡"的名篇；王安石为纠正时弊，推行变法；李时珍广集博采，躬亲实践，编撰医药学名著《本草纲目》……

　　这些杰出的历史人物，有的是在中华民族文明进程中做出过突出贡献、对后世产生过巨大影响的思想家、政治家，有的是对中华优秀传统文化的传承传播发挥过重大作用的文学家、艺术家、科学家，有的是为国家安定统一、民族融合团结和中外文化交流做出过杰出贡献的军事家、外交家……他们为中华民族的繁荣发展做出了伟大的贡献，他们的行为事迹、风范品格为当世楷模，并垂范后世。

他们是中华民族的先贤人物。他们的思想、品德、事迹，是中华优秀传统文化的结晶；他们的故事，是对中华民族的禀赋、特点和气质最生动、最鲜活的阐释；他们的名字，在五千年中华文明史上最为光彩夺目；他们为五千年中华文明史书写了最为光辉灿烂的篇章。

为了解先贤，走近先贤，我们精心组织编写了这套《中华先贤人物故事汇》丛书，以翔实可靠的史料为依据，细腻动人的故事为载体，真实地呈现中华先贤人物的事迹、品格和精神风貌，彰显他们的贡献和功绩，激发人们对国家民族的热爱，对中华文明、中华优秀传统文化的崇敬。

开卷有益，期待这套丛书成为你的良师益友。

目 录

导 读

　　顾炎武（1613—1682），字宁人，号亭林，人称亭林先生，明末清初思想家。顾炎武出生的年代，明王朝日益腐败，社会支离破碎，内乱丛生，人心浮动。他从小在祖父的教导下读书、磨砺。青年时代，他毅然放弃科举，投身学问，撰写《肇域志》《天下郡国利病书》等。清兵入关，他目睹大明崩亡，痛心疾首。他心怀故国，为南明政权四处奔走，积极参与抗清活动。清朝政权日益稳固，他感觉无力回天，便远涉江湖，游历江苏、浙江、河南、山东、山西、河北、陕西，足迹遍及北方大地。顾炎武的行走，是学问的踏访，历史的追问。他每到一地，总是寻根问底，对照书本，检阅知识的真伪。顾炎武在行走中结识明朝遗民，与归庄、程先贞、傅山、李因笃、李颙、屈大均等著名学者建立了深厚的友谊。他的交游，勾勒出了明末清初的学术地图。

顾炎武命运多舛，他两次受诬入狱，身遭逆境，依然心地光明，拒不依附权贵；他为人慷慨磊落，颇有豪侠之气，坚守政治节操，多次拒绝出仕清朝，不惜以死抗争；他拒绝做终老书斋的腐儒，热衷于身体力行，甚至亲自下田垦荒。五十岁之后，他决定撰写鸿篇巨制《日知录》，匡正知识界的弊病，极力呼吁实学。他的思想深刻地影响了当时与后世。顾炎武与黄宗羲、王夫之并称为明末清初三大思想家。梁启超这样称赞他："论清学开山之祖，舍亭林没有第二个人。"

母子缘

　　江苏、浙江两省交界之处，有一颗璀璨的明珠，叫作太湖。太湖里流出很多河流。吴淞江从西往东流，流到上海，汇入同样来自太湖的黄浦江，一起投入长江的怀抱。

　　吴淞江流过江苏昆山，向南拐出一条不起眼的支流，直直地注入淀山湖。这条小河叫做千墩浦。相传春秋时期吴越争霸，吴王为防止越国袭击，大规模修建烽火台，昆山以南三十里处恰恰是第一千座。岁月流逝，原来的烽火台早已成了小小的土墩，而这第一千座烽火台之下渐渐形成了城邑，人们便以"千墩"来命名。江南毕竟是钟灵毓秀之地，文人学士怎能容忍如此不雅之名，"千墩"便被改名为"千灯"。

千百年之后，千灯镇渐渐地演变成颇有规模的江南小镇，风情万种起来。千灯浦连通南北，位置至关重要。客船南来北往，远远看见高耸入云的秦峰塔，便知道千灯镇近在眼前了。这座秦峰塔又称释迦佛塔，始建于南朝梁天监二年（503），不光是千灯的标志，更是姑苏、松江一带有名的千年古塔。

过秦峰塔往南，不远处有两座玲珑的小桥：宋代的鼋渡泾桥和明代的方泾浜桥。

千灯浦的两岸是白墙黑瓦的房子，街上铺着光滑明亮的上等条石"胭脂红"。石板路狭窄而悠长，当地人称"脚踩石板街，头顶一线天"，两旁开着各式店铺，叫卖声此起彼伏，街上人来人往，煞是热闹。

河水悠悠流淌，有人驾着小船，沿街叫卖。妇女们在岸边的石头上捶打衣服，扯些家长里短的闲话。小孩子们在石板街上跑来跑去，脚步声、吆喝声、打闹声绵绵不断。

街巷虽窄，却不妨碍孩子们奔跑自如。他们飞身跨桥，身影迅速消失在一条条小巷里，犹如鱼儿在水里游泳，自由自在。

"藩汉，藩汉，你跑哪里去了？刚才明明还在这里啊。"

一位妇女洗完衣服，正要回家时，却不见了自己的孩子，急得在桥上大喊。

"你去桥那边看看吧，好几个孩子在那里捉迷藏呢。"

一个男子肩扛犁铧，手牵大黑牛，从北往南而来。

男子说得不错，几个捉迷藏的孩子说好了规则，不许离桥百步，否则赢了也不算数。藏来找去，有人觉得腻了，径直穿过石板街，跑回了自家大门门口，然后悄悄地探头张望。

看着小伙伴们沮丧地坐在桥头，抓耳挠腮，这个名叫藩汉的孩子轻轻推开大门，回家了。

"哎哟！娘啊娘，疼死我了！"

那位妇人找不到儿子，只好回家晾晒衣服，不料发现儿子正在厨房里吃东西。她又是生气，又是觉得好笑，忍不住揪住藩汉的耳朵，把他拎出了厨房。

藩汉连连喊疼，母亲的手却不肯放松，径直将他拽进书房，让他在书桌边立定。藩汉呲牙咧嘴，不停揉耳朵的时候，母亲的手里多了一根藤条。

"啪！"

一声脆响，藩汉的母亲王夫人用力敲了敲桌子。

"今天的书温完了吗？"

"温完了啊，母亲。"

"还没考你，就跑出去玩。玩也就罢了，还不守规矩，舍下伙伴，独自回家，你说该不该罚？"

"我本来想去帮母亲拿衣服，看母亲还没洗完，我就跟他们玩了会儿。"

"油嘴滑舌！还是先背书吧！"

"大学之道，在明明德，在亲民，在止于至善。知止而后有定，定而后能静，静而后能安，安而后能虑，虑而后能得……"

终于得到背书的命令，藩汉如释重负，连忙字正腔圆地背诵起来。

王夫人坐在儿子对面，闭上眼睛，认真聆听。

对劳累了一天的王夫人来说，听儿子背书就是莫大的享受，尤其听到儿子这样抑扬顿挫、行云流水般的朗诵。

这篇《大学》，藩汉早已烂熟于心。不到一顿饭工夫，便完整地背完了。王夫人正要表扬儿子，外面响起了喝彩声。

"好好好，很好，很好！"

听到爷爷的声音，藩汉连忙飞跑过去拉住爷爷的手。王夫人看到公公过来，起身到厨房准备晚饭去了。

男孩姓顾，藩汉是他的乳名。顾氏是江东望族，早在三国时期便有"朱张顾陆"四大家之称。明朝嘉靖年间，昆山人顾章志高中进士，累迁至南京兵部侍郎。顾章志有两子：顾绍芳和顾绍蒂。顾绍蒂之子顾同吉英年早逝，早已定亲的王氏誓不改嫁，而是手捧顾同吉的灵位举行了婚礼，那年她只有十六岁。婚后，王夫人勤俭持家，侍奉公婆，过着孤苦冷清的生活。王夫人白天纺织，贴补家用，晚上便与诗书为伴，常常挑灯夜读，读书到夜半三更。

这样的生活持续了十二年，直到顾绍芳之孙藩汉出生，过继给顾绍芾为孙，交由王氏抚养，王夫人的生活才终于增添了几分滋味。说起来，王夫人和藩汉都是苦命人，一个是妙龄守寡，一个是生不见母。正因如此，王夫人对藩汉十分疼爱。

藩汉三岁那年，身上出痘，浑身滚烫，不省人事。王夫人心急如焚，恨不得用自己的性命来换取儿子的平安。她四处寻医抓药，连哄带骗地喂儿子，整夜不敢合眼，生怕儿子在她的睡梦中不辞而别。

经过这番折腾，王夫人对儿子的感情更加深挚。等到藩汉渐渐长大，出落得聪明伶俐，乖巧孝顺，王夫人的生活更多了许多乐趣，每日里伺候婆婆，缝缝补补，再加上教书课子，忙得不亦乐乎。

每当日落西山之后，王夫人常常在灯下做针线活，缝补儿子的衣裤。藩汉则乖巧地伏案读书，或者写大字功课。对于童心正炽的孩子来说，最难忘的还是母亲给自己讲过的故事。

王夫人出身书香门第，自幼便熟读诗书，"四书五经"烂熟于心不说，尤其喜爱《史记》《汉书》《资治通鉴》和宋元以来的民间话本。虽是女流，她的见识却不短浅，常常被书中的先贤故事打动，读到动心处，也能击节赞叹，感慨不绝。

早在潘汉三四岁时，王夫人便给他讲述先贤先烈的故事。东汉末年，名士范滂为官清廉，因为弹劾权贵而得罪了宦官集团，不幸被捕。范滂的母亲前来与范滂诀别。范滂对母亲深情哀告："弟弟孝顺，已经能够供养母亲，孩儿追随父亲命归黄泉，我们生死存亡各得其所。希望母亲大人忘掉分离之苦，不要过度哀伤。"范母深明大义，反过来安慰儿子说："你现在能够与李膺、杜密齐名，死了又有什么遗憾！已经有了好名声，又还想要长寿，怎么可能兼得？"

每每读到这里，王夫人感叹不已，潘汉也为范滂的高尚情操打动，不知不觉将自己想象成了范滂，竟然扑在母亲怀里痛哭不止。

王夫人酷爱诗文，常常诵读文天祥的《过零丁洋》。潘汉耳聪目明，只是听了几遍，竟也能出口成诵了。王夫人一边讲解诗意，一边讲述文天祥反抗蒙元、宁死不降的事迹。潘汉听在耳朵里，文天祥的精神已经深深地刻印在心底。他听到激动处，情不自禁地握紧了小拳头。

一天夜里，王夫人刚把儿子哄睡，忽然听见正房里传来剧烈的咳嗽声。难道婆婆又犯病了？想到这里，她连忙奔向正房，却发现婆婆正伏在床边，不停地咯血。顾绍芾在旁边给夫人捶背，急得大汗淋漓。

"娘这是怎么了？"王夫人又惊又怕，担忧地问道。

"唉，老毛病又犯了！"顾绍芾直摇头。

"这样不是办法啊，我还是去找郎中抓药吧。"王夫人说。

"这么晚了，天黑路滑，还是等天明再说吧！"顾绍芾也不忍心让儿媳妇跑出去抓药。

"爹，你别管了，好好照顾娘。"

话音未落，王夫人已经冲了出去。她到自己屋里拿上灯笼，披了件衣服就跑出了大门。

白天刚刚下过雨，石板街又湿又滑，稍不留神就会摔倒。王夫人平时从来不敢走夜路，这时不知哪里来的勇气，竟然跌跌撞撞地穿过长街，跨过石桥，找到了史郎中家。

史郎中揉着惺忪睡眼开门，听完王夫人的诉说之后，开方抓药。王夫人也顾不上多说什么，拿着药包就往外跑。

"等一等！"

听到史郎中的招呼，王夫人停下脚步，不解地看着郎中。

"同样的药，却有不同的吃法。像您婆婆这种病，以前也吃过很多药了，总是不能除根，那是吃法不对哟！"史郎中说。

"吃法不对？那该怎么吃？"王夫人大惑不解。

"药发不发力，全看引子，如果能用亲人的血肉做药引，与药同熬，我保您药到病除。"史郎中说道。

"亲人的血肉，是什么？"王夫人问道。

"十指连心啊！"

说完，史郎中打了个哈欠，不再多说了。

回到家里，王夫人赶紧下厨熬药。一边熬药，一边回味着史郎中的话，亲人的血肉做药引子？十指连心？难道药效取决于亲人的诚心？想到这里，王夫人把小指放在案板上，右手拿刀，对准了手指。

"苍天保佑婆婆！"

刀贴着手指，丝丝凉意传遍了全身。王夫人闭上眼睛，用力按了下去。"啊！"撕心裂肺的痛楚让她忍不住叫出声来。她忍住眼泪，径直把切断的小指投进了药罐子里。

婆婆喝完药，昏昏睡去。也许是因为灯光昏暗，也许是因为情形混乱，公公和婆婆都没有注意到王夫人包扎着白布的左手。

以亲人血肉入药，其实是古代的封建迷信，但王夫人这么做，能看到她的孝心和品德。

直到第二天，藩汉才发现母亲的手不对劲，连番追问，王夫人才说了昨夜的事情，并嘱咐儿子千万不要告诉爷爷奶奶。懂事的藩汉搂住母亲的脖子，失声痛哭，不停地问：

"娘，你疼不疼？"

"藩汉，你还记得娘给你讲的故事吗？范滂、岳飞，还有文天祥、于谦，哪个不疼啊？只要自己觉得值，也就不算什么了！"

"娘还没讲过于谦的故事呢？"

"好好好，娘这就给你讲。那还是英宗皇帝的时候，皇上受了宦官王振的蛊惑，亲征瓦剌，不料在土木堡陷入重围，堂堂大明皇上成了俘虏。瓦剌首领也先兵临北京城，就用皇上当人质，要挟城上将士开城投降。你说，开不开城门？"

"不能开啊！"

"是啊，就在这个危难时刻，兵部尚书于谦果断拥立郕王朱祁钰为新君，安定人心。经过五昼夜的激战，最终击退瓦剌军队，保住了北京城。遗憾的是，英宗复位之后，听信谗言，竟然将于谦处斩了。全城百姓无不痛哭流涕，感念于谦保卫京城的功劳。"

听完母亲讲述的故事，藩汉顾不上洗脸，跑到书桌前，挥笔写下了于谦的诗作，大声读给母亲听：

千锤万凿出深山，烈火燔烧若等闲。

粉骨碎身浑不惜，为留清白在人间。

母亲看了看自己的手，又看了看懂事的儿子，脸上露出了满足的笑容。

从此以后，藩汉便将于谦的名作《石灰吟》挂在案头，时时激励自己向先贤学习。

少年立志

顾绍芾五十岁那年经历了丧子之痛，内心的凄楚无以言表，幸好收获了藩汉这个过继来的孙儿，脸上才重新有了笑容。

他年轻时曾入北京国子监学习，无奈命运多舛，前半生都消耗在科举之上，终究还是止步于举人，与进士无缘。随着年纪渐长，顾绍芾对于北京官场的认识越来越深刻，宦官专权，党同伐异，更重要的是皇上无能昏庸，朝堂上乌烟瘴气。他不由得对前途产生了怀疑。即使将来高中科甲，即使做了大官，那又怎么样？若要飞黄腾达，必然要巴结逢迎，否则也只能老于案牍。

晚年的万历皇帝怠于朝政，耽于酒色，学着祖父嘉靖皇帝的样子，多年不上朝，不见大臣。朝廷上党派林立，党争激烈，东林党、浙党、齐党、宣党、昆党，互相倾轧，互相攻讦，永无宁日。东林党的大本营就在无锡，而昆党首领顾天埈出身于昆山顾氏，与千灯顾氏渊源甚深。顾绍芾比顾天埈年长两岁，关系却很疏远。他看不起坐而论道，却不通实务的书生。

万历帝是个"搂钱耙子"，整日里盘算着怎么搜刮百姓，四处派遣太监充当"矿监税使"，毫无节制地盘剥百姓。恰在此时，北方的建州女真逐渐崛起，成为大明在东北的隐患。

大明王朝可谓是内忧外患，面临着前所未有的危机。

面对这样的形势，顾绍芾再也无心仕途。他回乡收拾田园，收藏图书，晴耕雨读，做起了自得其乐的田舍翁。

回乡的顾绍芾绝不是两耳不闻窗外事的书生，而是热心地方事务，尽己所能，为乡人造福。这一年，秦峰塔年久失修，颇有倾塌之虞。当地乡绅们都在商量修缮古塔的事，大家七嘴八舌，可就是筹集不来资金。

顾绍苇知道之后，什么也不说，带着孙儿藩汉，捧着笔墨纸砚，径直来到塔下，摆个摊子卖起了字画。顾举人当街义卖！这个消息不胫而走，引来无数的围观者，附近仰慕顾绍苇学问的人纷纷赶来捧场。

藩汉围在爷爷身旁，帮忙研墨递纸。爷爷下手处笔走龙蛇，纸面上云蒸霞蔚，那份潇洒气度犹如指挥千军万马，小藩汉看得心驰神往，激动不已。不几日，义卖数额已经高达二百两白银，顾绍苇自己分文不取，悉数捐给了古塔。

藩汉八岁那年，朝廷里接连发生了好几件惊天动地的大事。先是在位四十八年的万历帝驾崩，年已三十八岁的太子朱常洛继位，是为泰昌帝（明光宗）。不料，泰昌帝在位仅一个月，却因为服用了鸿胪寺丞李可灼进献的红丸，当夜便撒手人寰，这就是震惊朝野的"红丸案"。

明光宗驾崩后，太子朱由校继位，年号天启。可笑的是，这位天启帝聪明伶俐，唯独不喜做皇帝，却沉迷于木工手作。他亲自操弄斧头凿子，制作出来的楼宇、器械巧夺天工。

顾绍芾远在千里之外，却暗中留心军国大事，勤于阅读朝廷的邸报，对于发生在京城里的大事了如指掌。他自己追求实学，留意历史、地理、经济，实在不愿意让藩汉再走自己的科举老路。

这些年来，藩汉在母亲的指导下勤奋学习，进步不小，无论是书法还是学问，早已超过了同龄人。顾绍芾看在眼里，喜在心头，不过转念又想，男子汉大丈夫志在四方，总是圈在家里读书也不是办法，更应该放到同龄人中间去锻炼、阅历，于是亲自给藩汉取了学名顾绛，字宁人，送到了不远处的私塾。

顾绛懂事了，每天天不亮就起床，背上书箱去读书，根本不用母亲督促。他在私塾里如鱼得水，背书、习字、属对，几乎每样功课都能得到先生的表扬，常常是同学羡慕的对象。

傍晚回到家里，顾绛先是到爷爷书房里问安，报告当天的功课情况，然后再到厨房，看看母亲需不需要帮忙。虽说只是孩子，他却分外喜爱厨房里的烟火味道，喜欢坐在灶前添火，絮絮叨叨地跟母亲说学堂上的趣事。

那天，顾绛照例来到爷爷的书房。也许是因为得了先生的表扬太过兴奋，顾绛忘了敲门，用力推开门，大步流星地闯了进去。顾绍芾正在写字，受到响亮的开门声和脚步声的惊扰，不由得吃了一惊，怔怔地抬头看向门口。

看着爷爷慌张的样子，顾绛这才意识到自己的冒失，进也不是，退也不是，竟然愣在那里不动了。

刹那间，寂静充满了书房。

刚刚蘸满墨汁的毛笔悬在半空，半天都没有移动。

滴答！

顾绛仿佛听见了墨汁滴落在纸上的声音，心里又是羞愧，又是害怕。他知道爷爷最讨厌写字时受到打扰，更不喜欢墨水玷污了纸面。

不知过了多久，顾绍芾放下毛笔，卷起纸张，扔进字纸篓，缓缓地坐了下去。

"藩汉，下学了？"

"嗯。"

听到爷爷的召唤，顾绛这才迟疑着走向书桌前。双腿重如千斤，短短几步路仿佛总也走不完。

"手里拿的是什么？"顾绍芾问道。

"今天的习作。"顾绛仍然低着头，不敢去看爷爷的眼睛。

"放下吧。"顾绍芾说道。

顾绛恭恭敬敬地把习作放在桌边，然后转过身去。

"记住，任何时候都不要得意忘形！"

顾绍芾说得很轻，然而在顾绛听来，却是字字千钧。从此以后，顾绛的性情之中多了几分凝重，做事之前总要想一想。

时间过得飞快，顾绛已经十岁了。顾绍芾也迎来六十寿诞。

那天，王夫人和婆婆在厨房里忙活了半天，做了丰盛的寿宴。按照爷爷的吩咐，顾绛早早下学，喊来亲爷爷顾绍芳、父亲顾同应，全家围聚，热闹得像是过节。

关于自己的身世，顾绛已经知道得差不多了。王夫人和顾绍芾并不打算告诉他，只是小伙伴们相处，难免有人传些闲话。听到自己的身世故事，顾绛心里也会疙疙瘩瘩，后来拐弯抹角地问过母亲。王夫人见无法隐瞒，也就和盘托出，实话实说了。

长夜难眠之际，顾绛翻来覆去不能入睡，一会儿想起自己落地即离别亲娘，不能享受亲生父母的疼爱，泪水便在眼眶里打转；一会儿又想起自己在继母怀抱里长大的点点滴滴，继母讲过的故事和教过的诗书，以及为奶奶断指入药的往事，泪水已经在不经意间打湿了枕头。

这就是我的母亲，我的母亲就是她啊。

有了这样的想法，他也不再害怕伙伴们说什么。既然他不在意，别人也觉得无趣，渐渐地没有人再说这件事了。

大人在席间饮酒闲聊，顾绛穿梭在厨房和堂屋之间，端菜撤菜，添酒续茶，忙得不亦乐乎。

寿宴结束，天色已经很晚了。

顾绍芾满面酡红，兴致勃勃，送走兄弟和侄子之后，还是毫无倦意，而是把孙儿领到书房，指着满架的书说道：

"从今天开始，爷爷要亲自带你读书了！"

顾绍芾从书架上小心翼翼地取下书函，一一摆放在书案之上，然后缓慢而郑重地打开。顾绛就像穷小子进了珠宝店，珠玑在前，琳琅满目，早已看得眼花缭乱。他伸出手来，轻轻地抚摸着书籍。那是《孙子》《吴子》《左传》《国语》《战国策》《史记》，虽然都不曾读过，可是自幼爱书的孩子，总能通过神秘莫测的途径知道这些书的存在，如今它们正坦然展露在面前，等候自己的阅读，少年的心里怎能不充满激动！

看着孙儿兴奋的样子，顾绍芾打心眼里高兴，便让顾绛从《孙子》开始读起。

"孙子曰：兵者，国之大事，死生之地，存亡之道，不可不察也。故经之以五事，校之以计，而索其情：一曰道，二曰天，三曰地，四曰将，五曰法。道者，令民与上同意也，故可以与之死，可以与之生，而不畏危；天者，阴阳、寒暑、时制也；地者，远近、险易、广狭、死生也；将者，智、信、仁、勇、严也；法者，曲制、官道、主用也。凡此五者，将莫不闻，知之者胜，不知者不胜。"

仅仅读了几句，顾绛便觉得怦然心动。这是陌生而新奇的世界，完全不同于《大学》《中庸》和《论语》，字字句句都显得灵活机动，变幻莫测，他忍不住在心里感叹："这书真有用！"

不一会儿，顾绛便读完了《孙子》第一篇，忍不住转头看看爷爷。顾绍芾正在抄抄写写。读书就读书，为什么还要抄书呢？顾绛满心好奇，凑上前去，看看爷爷究竟在抄什么。

"爷爷，您在抄什么啊？"

"过来看看，这是邸报。"

"什么是邸报？"

"这个邸啊，就是各地官府设在京城的办事处，邸吏们收集抄录皇帝谕旨、大臣奏议，以及官员的任免消息，然后邮递回地方，方便地方官员了解朝廷的大事小情。我朝设立通政司，专门发行邸报，让普通人也能读到。"

"为什么要抄呢？"

"邸报上登载了国家大事，我分类整理成山川地理、边备国防、经济民生等篇目，以备将来查阅之需。绛儿，你要知道，读书不如抄书啊！读书只是过目，经日便忘，抄书必须手眼相合，进而调动

顾绛满心好奇，凑上前去，看看爷爷究竟在抄什么。

身心，等于是把文字章句刻进心里。你不妨也学学抄书。"

"知道了，爷爷。"

顾绛可不是说说而已，从第二天开始，他给自己定下规矩，不动笔墨不读书，凡读书必然抄写。最初只是埋头去抄，慢慢地竟然有了心得，学着爷爷的样子去分门别类了。

有一天，顾绛刚刚跨进大门，看见爷爷站在花圃前，眼睛望着远处，像是在张望什么，又像什么也没看。

"爷爷，我回来了。"顾绛不敢惊扰，轻轻地说道。

顾绍芾回过头来，看着面前的孙儿，忽然间想起了什么，怔怔地说不出话来。

顾绛心里不解，想起从前毛手毛脚地破门而入、惊吓爷爷的往事，连忙检点自己又做错了什么。

"长大了，长大了！"顾绍芾感慨地说。

爷爷的话让顾绛丈二和尚摸不着头脑，怎么忽然就长大了呢！

"绛儿，你看这是什么？"

突然，顾绍芾指着地上的枯草说道。

"草……枯草啊。"顾绛不知道怎么回答才好了。

"唉，你们这些孩子啊，将来能吃上这些东西，就很幸运了。"顾绍芾说道。

顾绛不知道爷爷为什么发这样的感慨，直到走进书房，看见爷爷抄录的邸报，他才隐隐约约地觉得，爷爷说得似乎不错。

那天，顾绍芾抄写的邸报可谓惊心动魄：山东爆发白莲教起义；红毛夷（荷兰）入侵澳门；女真部的努尔哈赤攻占沈阳……

爷爷的忧心忡忡感染了年幼的顾绛。刹那间，他忽然觉得这间小小的书房似乎容纳了天下之大。天下水深火热，这间书房竟然也不能安宁。爷爷说将来我要以草为食，这是真的吗？难道是国家会有大难？

顾绛的心里不由得升起了阴云。

归奇顾怪

在祖父的影响和带动下，顾绛渐渐迷上了抄书。如果不动笔，简直就不能读书。夜深人静，祖父早已入睡，顾绛仍在奋笔疾书，常常抄到半夜。

《孙子》《吴子》抄完了，《左传》《国语》抄完了，祖父教他继续抄读《资治通鉴》。《资治通鉴》卷帙浩繁，无法从头到尾抄写，他便只做摘抄，并将抄写的内容分门别类做整理。

偶尔感到手腕发麻，指尖生疼，可是看到祖父抄写的邸报，密密麻麻的蝇头小字如群蚁排衙，一页纸上竟然写下两千多字，不由得深深佩服祖父的韧性和耐心，更加不敢放松自己。

十四岁那年，顾绛通过苏州府的考试，考取秀才，进入县学读书。县学的教学目的，是培养诸生们应付科举考试的本领。顾绛的书箱里多了《五经四书大全》和《性理大全》等书，每天还要写八股文，交给教谕批阅。

顾绍芾不愿看到孙儿整天埋头八股，于是搬出自己多年抄录的邸报，要求孙儿阅读。顾绍芾的摘抄已经有二十多卷。抚摸着这些年来的心血和成果，顾绍芾手捋胡须，殷切地嘱咐说：

"当今之世，读书人更要讲求实学，天文、地理、兵法、农书、水土，都要时时处处留心。邸报之中遍布典章国故，也要钻研探究。"

听了祖父的话，顾绛心领神会地点了点头，忽然想到了什么，便问道：

"爷爷，您抄了这么多邸报，为什么不自己著书呢？"

"绛儿啊，我跟你说过，读书不如抄书，其实著书也不如抄书。试想，今人的学问哪里比得上前代圣贤，多少人不自量力，著书立说，无非是图个虚名罢了，无益于世的书很快会烟消云散。你要趁着年轻，多读多抄，只要你的积累足够丰富，自然就会形成自己的见解。爷爷老了，只能寄希望于你了。"

县学里聚集了昆山本地的青年才俊，读书之余，他们也常常在一起高谈阔论。

"我听说当今皇上是个文盲？"

"是吗？文盲怎么能当皇上？"

"这事需要问问宁人。宁人兄，是这样吗？"

"哦，我怎么听说皇上是圣人啊？"顾绛故意卖起了关子，转头扫视一圈，看到大家疑惑的样子，继续说道："足以与公输班齐名呢。"

"原来是木圣？"

"那不就是木匠嘛！"

对于这样的嬉笑，顾绛尽量不去掺和，他更喜欢与同学归庄交谈。

归家是昆山有名的学问世家，归庄的祖父归有光与唐顺之、王慎中并称为"嘉靖三大家"，是著名的文学家，归庄的父亲归昌世书画印俱佳，与王志坚、李流芳并称为昆山"三才子"。因为这样的家学渊源，归庄自幼受诗书熏陶，早已博览群书，写起文章来下笔千言，倚马可待，而且继承了父亲的才华，狂草功力深厚，年纪轻轻便饮誉乡里。

顾绛和归庄同龄，两人一见如故，很有惺惺相惜之感。除了切磋学问，两人更喜欢纵论天下时势。归庄外向狂傲，顾绛沉稳内敛，同学们见他们二人出双入对，形影不离，背后给他们取了个外号，叫作"归奇顾怪"。

"仰天大笑出门去，我辈岂是蓬蒿人！"两人不以为忤，反以为荣，认为这是对他们学问和品格的最高称许。

玉峰山下，吴淞江畔，处处都留下两人的身影。古人云"山不在高，有仙则名"，玉峰山便是这样不高的名山。山在昆山西北隅，高不足百米，却四面环水，山中布满洞穴，山上盛开琼花，四五月间，银花满树，引来无数游人观赏。

山下的慧聚寺号称"南朝四百八十寺"之首，相传为梁武帝萧衍之师、吴兴沙门慧向所建。梁武帝为感激师恩，不仅赏赐铁香炉、丝绣佛像，还把玉峰山和山下良田也赏赐给了慧向。慧聚寺香火鼎盛，后来子院分离出去，扩建成华藏寺，修起了巍峨的至尊多宝塔。

走在花间树下，归庄侃侃而谈，顾绛却是低头沉思，默默不语。

"咦，宁人兄，想什么呢？"

"我在想，梁武帝早年还是那么有作为，不料晚年佞佛，简直是变了一个人，最后饿死在台城，真是让人叹息。"

"是啊，好端端的皇帝不做，竟然出家当和尚。"

"道家和释家都主张无为，岂不知人人无为，国事也就荒废了。"

"你这样说，我想起一个人来。"

"谁？"

"太仓人张溥啊，字天如，号西铭！"

"哦，张天如，我好像听说过啊。"

"我想起来了，张天如嗜书如命，跟你差不多呢。"

"何出此言？"

"他是妾室所生，在宗族中没有地位，只能以读书求安慰，凡是读书必手抄，抄完即焚。如此反复七遍，也就彻底读熟了，因为有此七录七焚之功，他的书房就叫做七录斋了。"

"七录七焚？"

顾绛听了归庄的话，若有所思地点了点头。

"的确不容易，数九寒天，他抄书抄到双手冻裂，放在温水里泡泡，继续再抄。"

"天啊，有此毅力，何事不成！"顾绛感叹不已。

"此人毅力如钢，目光如炬，前些天还向朝廷进言，要求驱逐阉党骨干顾秉谦呢。我听说他与同邑人张采正在组织复社，宁人兄可有兴趣？"

"复社？怎么没兴趣啊，我们一起加入吧！"

听到归庄的消息，顾绛只觉得心潮澎湃，能与"娄东二张"共襄盛举，那可要比愁坐书斋强多了。

说干就干，两人回到书斋，立即写了热情洋溢的书信，请人投送到太仓，期待成为张溥和张采的同志。

不久，张溥果然回信，盛情邀请他们赶往吴江尹山，参加复社的成立大会。

那天在尹山，顾绛不仅亲眼看见了娄东二张的风采，还见到了早已如雷贯耳的杨廷枢、陈子龙等前辈士人，他们学问渊深的气度，慷慨激昂的神采，以天下为己任的奋勇，给了顾绛和归庄深深的震撼。

面对三百多位来自四面八方的年轻士子，张溥登上高台，振臂直呼，直斥朝堂之上阉党擅权，贪官当道，弄得民不聊生、四方扰攘的现状。他崇拜北宋理学大家张载，并以其文《西铭》为号，自然深谙张载的主张。当他大声疾呼"为天地立心，为生民立命，为往圣继绝学，为万世开太平"的时候，台下的士子们随之振臂高喊，喊声直上云霄。

顾绛夹杂在人海之中，仿佛水滴融入澎湃的浪涛，早已禁不住热泪盈眶。藏在内心深处的许多话语，从来没有如此清晰地呈现在眼前。他感觉十七年的苦读，终于找到了方向。

会后，顾绛特意请归庄陪自己去了不远处的顾公庙。他从小就听祖父说起，南朝梁陈间学者顾野王是千灯顾氏的先祖，从此便心心念念，渴望亲自拜谒，如今已经来了吴江，怎能轻易错过机会。

"顾黄门是吴郡人氏，晚年隐居松江亭林，死后葬于吴江。我听说他隐居亭林时，曾筑读书堆，看来你们顾氏真是家学渊源啊。"

"先祖九岁就写了《日赋》，人人都说他是天才，比起他老人家，我还是相形见绌啊。"

顾绛带来一壶薄酒，几样蔬果，跪在顾野王墓前，殷勤祭奠。环顾四周，只见草树苍苍，杂花错落，虽然简朴，却也幽静。忽然，顾绛看见墓旁的草丛里露出一通石碑，拨开草丛，细细观看，只见上面隐约写着四个大字：梁陈遗风。

"梁陈遗风，真是名不虚传啊！"看着石碑上的字，归庄大发感慨："黄门住在亭林之时，苦心孤诣，写出了恢宏巨著《玉篇》，人们都称他为亭林先生。我看你也可以叫顾亭林啊。"

"是不是不敬啊？"

"那怎么会呢？你想啊，黄门本来叫做顾体伦，字希冯，只因为崇敬前汉的冯野王，这才改了名字。你以自家祖先之名为号，有何不可？"

"哈哈，还是有些造次啊。"

"黄门若是知道，九泉之下必然欣慰。亭林兄，就这样说定了！"

"那还要选个时候，归兄陪我去亭林走走，看看读书堆究竟是什么样子。"

"好说，好说。"

说笑之际，两人拜别顾公庙，踏上了归程。

家　破

最近几年，国事日益不堪，高迎祥、李自成在西北起义，朝廷动员天下兵力和财力，终于打败了李自成，不料张献忠又进入四川，继续与朝廷周旋。朝廷派兵入川攻打张献忠，这边李自成又打出"均田免赋"的旗号，鼓动起了数万流民，义军所到之处，百姓皆歌曰"迎闯王，不纳粮"。很快，李自成攻克洛阳，抓获了万历帝之子、福王朱常洵。

李自成攻城略地的同时，皇太极也在盛京称帝，定国号为"大清"，并在崇祯十二年（1639）渡运河，破济南，势如破竹，俘获人口二十五万有余，大摇大摆，扬长而去。

举国震惊，崇祯皇帝无可奈何。

此时，顾绛已经二十七岁。他和年迈的祖父从邸报上读到这些消息，只觉得心胆俱裂，然而百无一用是书生，除了深深的叹息，再也没有别的办法。

愁绪纷纭，无以排遣，顾绛和归庄商定，约上吴其沆和顾兰服，驾舟而行，遨游淀山湖。吴其沆比顾绛年轻七岁，但是谈吐不凡，举止大方。顾兰服比顾绛年轻两岁，论辈分却是顾绛的从叔父。此人多才多艺，对医药、方术多有研究，顾绛经常跟他学些诊脉用药的方法。

顾绛和归庄往借来的船上搬了两坛美酒、一些菜品，正准备让船夫撑篙，忽然听见岸边传来响亮的喊声：

"舅舅，舅舅，等等我！"

顾绛回头看去，呼叫自己的正是外甥徐履忱。外甥只有十一岁，平时喜欢追随在舅舅左右，这次见舅舅驾舟出游，就想要跟着同去。

"忱儿，舅舅要出门，你快回家吧。"

"舅舅，带上我吧，我也要去。"

顾绛无奈，便让船夫将船靠岸，接上了外甥。

徐履忱坐在舅舅身旁，高兴得合不拢嘴。顾绛掐了一把外甥的脸颊，递给他一块上好的牛肉。

一篙入水，小舟飞驶而出，沿着千灯浦，径直向南。千灯镇距离淀山湖只有三十余里水路，顾绛等人却还是第一次乘船来游。

时值暮春，岸边杨柳拂地，桑树遍野，几只白鹭掠过水面，引得徐履忱兴奋不已。不久，小船便离开狭窄的河道，驶入宽阔的湖面，登时感觉天高地阔起来。

进入湖心，小舟平稳下来，船夫坐在船头休息。顾绛和归庄等人便打开食盒，摆好酒菜，对着浩渺波光畅饮起来。三杯酒下肚，归庄诗兴大发，扶着顾绛的肩膀站起，高声吟唱道：

"半空楼阁淀山寺，三面篷樯湖口船。芦叶响时风似雨，浪花平处水如天。沽来村酒浑无味，买得鲈鱼不论钱。明日垂虹桥下过，与君停棹吊三贤。"

这是元代诗人杨维桢的《淀山湖》，顾绛等人也都非常熟悉。当日杨维桢乘船过淀山湖，逆流而上，直至吴江，拜谒垂虹桥下的三高祠，故而有"与君停棹吊三贤"之说。

三高祠祭祀越国大夫范蠡、西晋张翰和唐代陆龟蒙。当年顾绛和归庄参加尹山大会，拜过顾公庙之后，也曾走访三高祠。

屈指算来，已经十年过去了。

回首过往岁月，顾绛不由得惊出一身冷汗。自从十八岁第一次赶赴南京参加乡试，再到近来落第，十年来奔波于昆山和南京之间，竟然只落得个两手空空，真是往事不堪回首啊。

"三高祠下天如镜，山色浸空濛。莼羹张翰，渔舟范蠡，茶灶龟蒙。"

正在这时，顾兰服高声吟唱起张可久的《人月圆·客垂虹》，吴其沆低声附和。诗中的意境打动了顾绛和归庄，两人情不自禁地跟着唱了起来：

故人何在，前程那里，心事谁同？黄花庭院，青灯夜雨，白发秋风。

"故人何在，前程那里，心事谁同？归兄，归

顾绛举起酒杯说道："归兄，归兄，十年辛苦十年空，我要罢手了。"

兄，十年辛苦十年空，我要罢手了。"一阕唱罢，顾绛举起酒杯，冲着归庄说道。

"罢什么手？"归庄不解地问道。

"苍天为证，我顾绛自今日今时起，再也不去考什么举人了。什么进士，什么状元，也都与我无关了。"顾绛带着几分醉意，不过还是说得斩钉截铁。

"好好好，淀湖为证，我归庄与顾宁人兄志同道合，休戚与共！"

啪！两只酒杯碰在一处，酒水洒出，落在旁边徐履忱的头顶。

"舅舅，我呢？"徐履忱见两人赌咒发誓，十分好奇。

"去去去，小孩子家，好好读书！"

"哈哈哈哈！"

那天，几个人尽兴而归。回到家里，祖父母和母亲都已睡下了。顾绛辗转反侧，却怎么也睡不着。自古以来，读书人都是科举进身，如果真的放弃科举，还有出路吗？可是，金榜题名，真的就是出路吗？如今的朝廷宦官当道，党争严酷，想做正人君子何其之难，可不考试，不做官，还能做什么呢？

忽然，他又想起拜谒顾公庙的事，当时归庄戏称我是亭林，那我何不向先祖学习呢？先祖顾公曾经编写《舆地志》，我抄了那么多的邸报和史书，究竟为了什么？古往今来，无论政事、经济、交兵，哪个不是与地理形势有关，那我何不将所抄的书归纳起来，指点江山，以备将来？对对对，我来编写《肇域志》《天下郡国利病书》，明明白白地总结出天下山川地理之形势，或许有益于国计民生呢。决心已定，顾绛披衣下床，伏在案前，工工整整地写下了书题。

第二天，他给祖父请安，顺便把昨夜的想法告诉了祖父。

此时此刻，顾绍芾病势沉重，早已没有昔日的风采，甚至连下床走路都困难了。他半躺半卧，静静地听完孙儿的诉说，揉了揉迷蒙的眼睛，什么也没说，只是重重地点了点头。

崇祯十四年（1641），顾绍芾去世。

顾绛从小没有得到父亲的关怀，对他来说，祖父既是慈祥的祖父，给他关怀和疼爱，又像严格的父亲，给他谆谆教导。自从祖父卧病以来，他就知道这天迟早会来，然而当生离死别真的到来，他还是感到锥心刺骨般疼痛，忍不住号啕痛哭。

顾绛的痛哭既有对亲情的割舍，也包含着对未来的隐隐担忧。事实上，自从他决定放弃科举的消息传开以后，他就感觉到了周围的气氛迥异于从前。顾氏族人看他的眼神明显变了，尤其是族叔顾叶墅和从兄顾维等人，迎面相遇都是冷眼打量着他，说话也是哼哼哈哈、爱答不理的样子。

顾绛何尝不知，他们觊觎的是祖父的八百亩田产。祖父在世，他们不敢轻举妄动，随着祖父的去世，他们的行动变得明目张胆起来，经常派人去丈量土地，私立界桩。顾绛放弃科举，等于放弃了前程，他们自然不会放在眼里。

果然，担忧变成了现实。

那天，顾绛白天请风水先生查勘坟地，晚上刚刚给祖父的灵位烧完三炷香，忽然听见外间传来哔哔剥剥的声响，转头看去，只见灶间火光升腾，红彤彤一片。

顾绛暗叫一声"不好",连忙冲向天井。整个灶间已经彻底燃烧起来,火借风势,正朝着周围的房屋蔓延。他试着浇了几盆水,根本无济于事。

"失火了,失火了!"

这时,仆人们都被惊醒,纷纷提水灭火。顾绛连忙冲向母亲的房间,将母亲背了起来,放在远处的树下。

也就在转去回来的工夫,大火已经彻底蔓延开来,烧着了所有的房屋。仆人们看看扑救不得,也就放弃扑救,站在天井里观望。

"哎呀,不好,祖父的棺材!陆恩,跟我来!"

顾绛想起祖父的棺材还在屋里,连忙招呼陆恩等几个仆人抬出来。陆恩等人跟随顾家多年,也不忍看着老主人的棺材被火吞灭。当他们终于把棺材抬到屋外的时候,只听咔嚓一声,堂屋的柱梁也跌落下来。

"谋财害命!他们还想杀人!"

看着母亲惊慌失措的样子,顾绛心如刀割。灶间怎会无端失火,而且瞬间蔓延全家?他仿佛看见有人躲在黑暗处狞笑。

天刚亮，整夜没合眼的顾绛巡视火场，明火已灭，浓烟还在缭绕，好端端的大宅院竟成了废墟。他来不及落泪，来不及多想，只能组织家人尽快安葬了祖父的灵柩，然后在墓旁搭盖起几间茅屋，算是暂时的容身之所。

不料，生活刚刚安定，苏州府派人送来了正堂票，要求顾绛即日赶赴苏州对证。原来，顾叶墅和顾维等人见放火不成，索性告官，暗抢改为明夺，认为顾炎武无权继承财产。

看着手里的正堂票，顾绛不由得浑身发抖。为了祖父留下的遗产，这些人竟然如此不择手段。

无奈之下，顾绛只好安抚好母亲，孤身赶往苏州。他必须据理力争，绝不能轻易让他们得逞。

此后，整整三年，顾绛风尘仆仆地往来于千灯和苏州之间，与人面兽心的族叔和从兄对簿公堂。他含泪诉说自幼过继给嗣祖父顾绍芾的往事，情真意切，声泪俱下，当面指斥顾叶墅等人雇人纵火、试图行凶害人的卑鄙手段。

知府本想做成铁案，把田产判给顾叶墅，却又顾忌顾绛的名声，案子便悬而不决，搁置下来。

纵然自己有理，却也实在纠缠不过这帮无赖，顾绛心神不宁，哪里还能静心读书。思来想去，他决定将田产典押给本乡富豪叶方恒，躲避顾叶墅的纠缠。岂不知，叶方恒虽是进士出身，满腹经纶，却是人面兽心，对顾家的良田眼红已久，看到顾绛自投罗网，不由得心花怒放，自然满口答应。

叶方恒先稳住顾绛，核算价格的时候却又百般挑剔，一会儿说吴中大旱，千里无收，自己拿了地也是赔钱，一会儿又说自己帮助顾绛渡过难关，价格不能要得太高。

顾绛心乱如麻，哪里还有心思算计，只好叶家说什么是什么，最后八百亩良田只卖了四百亩的价钱。

即便是这样，叶方恒还是百般抵赖，根本不想拿钱。一时间，顾绛成了热锅上的蚂蚁，坐立不安，恨不得天天追堵叶方恒。前前后后追索了百余次，叶方恒才勉强拿给顾绛一部分银钱。

看着儿子日夜奔波，面容憔悴，王夫人常常暗自垂泪。顾绛不想让母亲跟着自己担心，便想着离开千灯，找个安静的地方，好让母亲平安养老。

谁知正在此时，天崩地裂，大明灭亡了。

国　亡

崇祯十七年（1644）三月十九日，李自成攻破了北京城。

崇祯帝登基以来，国事江河日下，高迎祥、李自成、张献忠的起义军，犹如旋风般席卷大半江山。女真部族日益强盛，建号开国，步步进逼。心高气傲却又刚愎自用的崇祯帝苦苦支撑，终于还是无力应对。破城之日，崇祯帝万分绝望，下令妃嫔全部自尽，然后挥剑砍杀两位公主。最后，他步履蹒跚地走出紫禁城，在煤山自缢身亡。四月，宁远总兵吴三桂献出山海关，配合清兵击败李自成，占领北京城。

"国破家亡双泪暗，天荒地老一身轻。"大明灭亡的噩耗很快传遍了大江南北。听到消息的时候，顾绛正在苏州应付官司。他担心母亲为此焦心，连忙赶回千灯。虽然只是小别数日，再见面时却已天翻地覆。

母子二人良久无言，只是相对落泪。

顾绛苦苦思索今后该何去何从。目前清廷正与李自成残部鏖战，江南相对安定，恐怕不久以后，江南也会面临战火。继续留在千灯？想到顾叶墅和叶方恒等人虎视眈眈，顾绛犹豫了。

最后，他决定带着母亲和家人，悄悄搬到常熟语濂泾，离开这个龙潭虎穴。

语濂泾仅长三里，西通黄泾，东接尤泾，往来客船川流不息，渐渐成了商贸繁华之地。一座建于成化年间的木桥横跨语濂泾，沟通南北，桥面粉刷红油，人称红桥。语濂泾南岸，距离红桥不远，是一条不起眼的小河，倒有个分外美妙的名字，叫金钩玉带河。

顾绛的栖身之所就在金钩玉带河边，搬来的第二天，隔壁便有人来访，自报家门是陈梅，字鼎和。顾绛听了又惊又喜，他早就听说过常熟陈梅的大名，万万想不到会与他成为邻居。

从此以后，两人天天晤谈。常常在侍奉母亲安歇之后，顾绛轻轻出门，徐徐踱步水边。陈梅早已在这里等候，两人便沿着溪水，边走边聊。皓月当空，流水潺潺，他们置办些酒菜，对月小酌。

"陈先生，我辈生于斯世，当做何打算？"

两人谈论最多的自然是国事，国事糜烂至此，顾绛常常觉得五内如焚，只是苦于没有救国救民的良策。

"我辈读书之人，不幸遭逢乱世。还是做个农夫好啊，晴耕雨读，老于户牖。如果有余力，那就再习练些医术，治病救人。"

"先生所言不差！"顾绛和陈梅气味相投，感觉他说出了自己的心里话："如果家有幼子，万万不可让他求取功名，宁可做商贾、工匠，凭手艺养家糊口。如果家有女儿，宁可嫁与布衣黔首，夫唱妇随，也好过攀附豪门高第。"

顾绛羡慕陈梅超然世外的态度，将他看作不为五斗米折腰的陶渊明，欣然写下《桃花溪歌赠陈处士梅》相赠：

陶君有五柳，更想桃花源。

山回路转不知处，到今高士留空言。

太邱之后多君子，门前正对桃花水。

嘉蔬名木本先畴，海志山经成外史。

曾作诸生三十年，老来自种溪前田。

四百甲子颜犹少，有与疑年但一笑。

有时提壶过比邻，笑谈烂熳皆天真。

……

但是，顾绛毕竟从小受祖父熏陶，时时以天下为念，如果国破家亡，难道自己真的要避世终生，两耳不闻窗外事吗？那自幼读的圣贤书、从小抄的经邦济世文，又有什么用呢？学以致用啊，这些东西，现在不正好派上用场吗？

顾绛竖起耳朵，留意着外界的消息。

清军占领北京城，很快迎接小皇帝顺治入关，并准备南下江南。

经过激烈的争执，在江南的大明群臣拥立福王朱由崧继位于南京武英殿，改元"弘光"，史称"南明"。

弘光元年（1645）春，金钩玉带河两岸的桃花正开得绚烂，顾绛意外地接到了南京弘光朝廷的任命。原来，昆山知县杨永言早知顾绛大名，特地向弘光朝廷推荐他为兵部司务。

顾绛真是百感交集，自己从小跟着母亲读书，七岁入塾，十四岁入县学，如今早已过了而立之年，功名却只止步于秀才。学得屠龙技，货与帝王家，既然有机会出仕，自然不会轻易错过，否则怎么对得起这么多年的寒窗苦读。

想到这里，他端坐窗前，凝神思虑。"江东子弟多才俊，卷土重来未可知。"心中忽然冒出杜牧的诗句，更加感到心潮澎湃。当年明太祖朱元璋仅率二十四骑出走濠州，攻克定远，人人都说他势单力薄，难成大事，最后不还是下江南、克大都，打下大明基业吗？目前形势虽难，不是还有大半江山吗？只要君臣同心，卧薪尝胆，终将驱逐大清，中兴大明！

顾绛越想越激动，挥笔疾书，很快就写出了四篇恢宏的文章：《军制论》《形势论》《田功论》《钱法论》。他结合明末以来的种种弊端和自己读书抄书的感悟，从军队制度、山川地形、土地赋税、货币经济等方面阐述自己的见解。

"用吾之说，则五年而小康，十年而大富。"顾绛对自己的文章非常自信，然而很遗憾，弘光朝廷根本就不是成事之局，弘光帝本人胸无大志，整日沉湎酒色，朝廷大权被马士英和阮大铖掌握，文官争权夺利，武将拥兵自重，这些人对顾绛的主张不屑一顾。

过完母亲的六十大寿，顾绛准备赴南京就职，不料刚到镇江，清军已经渡江，击败了兵备副使杨文聪的守军。杨文聪败走苏州，顾绛也跟随杨文聪退向苏州。

清军势如破竹，很快便攻破南京，弘光帝逃到城外，不几日就被抓获，押往北京。弘光朝廷的文武官员纷纷投降。南京城破，江南地区的抗清热情备受打击，松江、嘉定等重要城池也相继陷落，苏州就成了清军的主要目标。

"将军坚守苏州，我愿意出城召集援军！"顾绛劝杨文聪守住苏州，为江南军民竖起抗清的大旗。

"唉，难啊！南京城尚不可支，何况小小的苏州。你没看见八旗兵作战的阵势吗？我们根本就挡不住。"杨文聪叹息不已。

"将军莫要长他人志气，灭自己威风。只要军民同心，还是大有可为！"顾绛说道。

"哈哈，书生之见，书生之见啊！"

对于顾绛的意见，杨文聪嗤之以鼻。顾绛总算看清了杨文聪的真面目，知道他也不是成事之人。果然，不出半月，杨文聪便弃城南奔。清军顺利进入苏州城，焚烧抢掠，见人就杀。

那天夜里，天上炸雷滚滚，暴雨如注。顾绛心里惦记母亲，独自在河边徘徊，恨不得插翅飞回语濂泾。忽然，闪电划过，照亮眼前，顾绛隐约看见河边泊着一艘小船。顾绛欣喜若狂，连忙跳上小船，奋不顾身地朝着语濂泾划去。

也不知过了多久，顾绛浑身湿透，只觉得两臂如铅，再也划不动了。正在这时，雨幕中传来低低的呼唤声。

"宁人，宁人吗？"

一声呼唤，差点让顾绛落下泪来。原来他已经划到了红桥边，岸上站着的正是陈梅。

"陈先生！是我！"

陈梅伸手拉起顾绛，顾绛扑向陈梅，放声痛哭。当天夜里，顾绛便病倒了。

江南各地的抗清运动如火如荼，归庄和吴其沆加入抗清队伍，杀死变节投降的知县，婴城固守。

顾绛身体好转的时候，陈梅也送来昆山城破的消息。清军所到之处，鸡犬不留，小小的昆山城竟有四万多人被杀，吴其沆死难，归庄不知所踪。顾绛的弟弟顾缵和顾绳也不幸遇难，生母何夫人被乱兵砍断一臂，侥幸活了下来。

死亡近在眼前，顾绛悲痛欲绝。他悄悄回到昆山，看望生母，处理弟弟的后事。走在熟悉的昆山街头，只见满街都是尸体，遍地都是血流。昔日生机勃勃的江南小城，几乎成了人间地狱。

谁知仅仅两天之后，常熟又告陷落。顾绛安顿好生母，连忙潜回语濂泾，照看继母王夫人。

几天不见，王夫人明显憔悴了。

"母亲，您这是怎么了？"看着母亲苍白的面

顾绛划到了红桥边，岸上站着的正是陈梅。

孔，顾绛心如刀割。

"绛儿，你听我说。国破家亡，我活着也没什么意思，我要绝食殉国。"王夫人平静地说道。

"啊?!"顾绛大吃一惊。

"绛儿，别担心。别看为娘一介妇人，却也知道家国大义。崇祯皇帝不是赐给为娘贞孝牌坊吗？如今，为国殉难的日子到了。为娘去后，你不要做他国的臣子，不要忘先祖遗训，不辜负世代国恩，那我就可以长眠于地下了。"

"母亲有志殉国，儿子不敢阻拦。请母亲放心，孩儿愿学伯夷叔齐，宁死不食周粟。自今日始，儿子决心以不与蒙元合作的文天祥丞相弟子王炎午为榜样，改名炎武，绝不投降清朝。"

听了儿子的话，王夫人面露微笑，轻轻地抚摸着儿子的脸颊。恍惚之间，她好像看见了那个刚刚抱入怀中的孩子，那个埋头背书的藩汉，那个背着书箱上学、回家就喊肚子饿的绛儿。想到他喊自己三十多年母亲，却没能在亲生母亲膝下承欢，忍不住在心里呐喊：我苦命的绛儿，娘对不起你啊！

顾绛听不见母亲内心的呼喊，然而透过母亲浑浊的泪滴，隐约能猜到母亲的心事。

"母亲抚养教诲之恩，孩儿没齿不忘。"

清廷推行惨绝人寰的剃发令，留头不留发，留发不留头，激起了江南人民的激烈反抗。弘光帝被俘后，郑芝龙等人拥立唐王朱聿键在福州继位，遥授顾炎武为兵部职方司主使。

"遥看白羽扇，知是顾生来。"顾炎武积极投身到了抗清斗争当中，他手持白羽扇，往返于太湖、松江和沿海一带，传递消息，出谋划策。为了掩人耳目，他托游方僧人往舟山送信。僧人拿到书信，暗暗地夹在《金刚经》里，悄然而去。只是顾炎武万万想不到，这竟给他带来一场大难。

这时，他还相信仓促入关的清廷必不能久住华夏，只要江南军民奋勇抗争，必定会像当年驱逐元人一样，最终赶走满人。他写下一首《精卫》，表达自己誓死抗争的决心：

万事有不平，尔何空自苦。

长将一寸身，衔木到终古？

我愿平东海，身沉心不改。

大海无平期，我心无绝时。

呜呼！

君不见西山衔木众鸟多，鹊来燕去自成窠。

牢狱之灾

时间过得飞快，转瞬之间，大清开国已经五年了，江南地区的抗清之火渐渐熄灭，人们也都剃发易服，做起了大清的臣民。

自从回昆山埋葬了母亲，顾炎武便在母亲墓边建起草庐，一边为母亲守孝，一边在草庐里读书、抄书。经过这番劫难，祖父留下的万卷图书只剩了两千余卷，好在凝结着祖父半生心血的邸报摘抄还在。

顺治五年（1648）秋天，苦闷的顾炎武来到太湖洞庭山，寻访范蠡、西施和商山四皓的遗迹。太湖湖面上碧波荡漾，洞庭山就在太湖当中，远离尘嚣，真是避世隐居的好地方。

"自是不归归便得，五湖烟景有谁争"，有时他也渴望像范蠡那样功成身退，逍遥于世；有时又深感自己一事无成，实在没有资格隐居起来，有用之身与鸟兽同群，终是不忍。

洞庭山分为东山和西山，相对于湖外的连年兵火，岛上显得很安静。顾炎武在西山赁屋而居，修改《天下郡国利病书》和《肇域志》。这天，他从书页间抬起头来，看见湖上渔帆点点，白鸥翻飞，一个念头闪现眼前。

从小读了那么多地理书，天下形势早已镌刻在胸中，只是三十多年来，他往来于各个江南小城，从未亲眼见识过北方的河山。是不是去北方走走看看呢？

想到这里，顾炎武激动不已。如今母丧已毕，家中没有大事，正好出游，还可以远离叶方恒的纠缠，实在是一举多得的好事。不过，转念一想，顾炎武又犹豫了。

清廷的统治日益稳固，远游必须剃发，否则寸步难行。真的要剃发吗？想起母亲的临终遗言，顾炎武还是下不了决心。

正当顾炎武犹豫不决的时候，语濂泾传来消息，家中遭劫！

顾炎武匆匆赶回常熟，看到家中一片狼藉，不由得怒火升腾。家中并没有什么值钱的东西，只是所有的书籍都被扔在地上，任意践踏。这肯定是叶方恒所为，这个恶人苦苦逼迫，真让人忍无可忍。

欲哭无泪之时，陈梅提着酒壶来访。两人各自诉说心事，顾炎武说起远游的想法，陈梅大力支持。

"陈先生，家母临终有嘱，这您是知道的。"

想起母亲的遗言和临终的模样，顾炎武还是泪光莹莹。

"宁人啊，令堂的胸襟实在令人敬佩。不过，鸿鹄志在千里，切不可拘泥于常理啊。"

陈梅知道顾炎武的心事，忍不住出言相劝。

"难道天下事就不可为了吗？"顾炎武说道。

"天下事之不可为，你我并非今日才知晓啊。当日君不君，臣不臣，才有了这场大难。我辈读书人，守道而已。这个道乃是天下之大道，不要以为是一家一姓之事。"陈梅将杯中酒一饮而尽，意味深长地说道。

"天下之大道……"

顾炎武仔细回味着陈梅的话，感觉心中的疙瘩正在慢慢解开。

"远的暂且不说，单说这个叶方恒，今日烧屋，明日劫舍，你何时才得安宁？还有你顾家的族人，虎视眈眈，非要吃光你的骨肉，喝光你的鲜血，否则绝不会善罢甘休。既然如此，还不如远走高飞，暂离虎狼之穴。"

听了这番话，顾炎武转身走向书案，挥毫泼墨，尽情宣泄着胸中的烦闷。陈梅手捋长须，面带微笑，静静地看着顾炎武。

不一会儿，顾炎武捧着纸走来，展示新写的五言律诗《流转》：

> ……丈夫志四方，一节亦奚取？毋为小人资，委肉投饿虎。浩然思中原，誓言向江浒。功名会有时，策杖追光武。

陈梅一边读诗，一点颔首微笑。读到尾联"功名会有时，策杖追光武"，他情不自禁地鼓掌喝彩：

"当年光武帝单骑赴河北，谁能想到他会定鼎中原？邓禹只身追赶，怎会料到自己能名列云台二十八将之首？天下事都在可为与不可为之间，就看人如何选择。"

"不错不错，多谢先生指点迷津。"

终于赶走了积压在心头的阴云，顾炎武感到十分轻松，连连干杯。

叶方恒多方克扣，八百亩良田只给了二百四十亩的钱，加上连番灾难，顾炎武早已囊中羞涩。为解燃眉之急，他剃发留辫，改穿清服，往来奔走于江淮等地，做起了生意。

明朝中后期，江南地区几乎家家植桑，户户养蚕，江南的布匹天下闻名。顾炎武从附近买下布匹，雇人运往淮北，利润颇为可观。随着局面打开，顾炎武又将生意扩大到草药行业。

从叔顾兰服精通医药，顾炎武出于兴趣，曾

经跟他学了些皮毛，万万想不到现在竟然能派上用场。

几次远足下来，利润已经足以支撑家庭生计了。

有了这些经历，顾炎武更能感受到祖父教给自己的经世致用之学的意义。读书人读死书万万不行，如果连自己和家人都养活不了，再多的学问又有什么用处？

借着生意往来，顾炎武顺便拜访亲朋故旧，结交江湖豪杰。他早就听说淮安万寿祺的大名，于是专门去拜访。万寿祺有志于抗清事业，明亡之后，拒不剃发易服，而是身穿僧服，隐居陋巷。他听说顾炎武来访，大喜过望，然而看到顾炎武风尘仆仆，打扮成商贾模样，又不由得十分失望。

"宁人兄，难道你就愿意委身于商贾，与看门屠狗者为伍吗？"万寿祺失望地问道。

看着万寿祺的脸色，顾炎武忽然感到无比心寒。他知道，哪怕同为读书人，哪怕同为大明的遗民，各人心里想的还是大有不同。早年间，他不会觉得万寿祺所言有什么不当之处，然而就在此时此刻，他却觉得这些话是那么刺耳。他想，只要是行端表正，看门屠狗又如何？

想到这里，顾炎武也不去争辩，客客气气地告辞而去。

顾炎武更喜欢和老朋友归庄往来。顾炎武与归庄相约，成立诗社，约上志同道合的吴兴人陈忱、吴炎，吴江人潘柽章、王锡阐等人共结惊隐诗社，表面上以诗文自娱，暗中却进行着抗清活动。顾炎武早就和隆武政权有往来，及时沟通两边的消息，期待有所作为。

张煌言、张名振等人的抗清活动正在如火如荼地进行，他们进军到瓜洲和京口，继而抵达仪征。听到义军沿江而上的消息，顾炎武大受鼓舞。他安排好妻子家人，独自移居到神烈山下。

神烈山亦称钟山、蒋山、紫金山，自古便是江南名山。明洪武十四年（1381），明朝在这里营建孝陵，历二十五年而成，堪称大明第一陵。入清之后，摄政王多尔衮曾遣大学士冯铨前来祭奠明太祖，豫亲王多铎进驻南京，也曾亲自拜谒，还安排专人看守。

顾炎武本想祭扫明孝陵，无奈看守严密，不能靠近，只好止步于下马坊，遥遥叩拜。随后，他在朝阳门外租了个简陋的屋子，自号蒋山佣。既然不能上阵讨贼，那就做大明最后的守陵人吧。

闲来无事，他骑着毛驴，从朝阳门走到燕子矶，遥望长江下游，期待看到义军的战船。张煌言号苍水，浙江鄞州人，与张名振拥戴鲁王，占据舟山，进行着可歌可泣的抗清活动。不过，顾炎武也听说，隆武帝与鲁王貌合神离，手下将领难以形成合力，将来难免会步南京弘光政权的后尘。

"闻有伐荻人，欣然愿偕往。恐复非英流，空结千龄想。"张煌言和张名振的英雄气概固然不容怀疑，可是隆武帝和鲁王会是中兴汉家的光武帝吗？顾炎武的心里充满了担忧。为了更方便地观察形势，他索性搬到采石矶的僧院，日夜听着江上的波浪声，感觉心里终于踏实了。

不久，张煌言的队伍突破重围，顺利攻下采石矶，沿江而上，攻占当涂、芜湖。顾炎武兴奋不已，奔走观察战事。不料，清兵调集重兵，猛烈攻击。连连遭受挫折之后，张煌言只好退兵。

顾炎武骑着毛驴，从朝阳门走到燕子矶，期待看到义军的战船。

正在顾炎武为张煌言叹息的时候，家中送来书信，催他速回千灯。

回到昆山，顾炎武径直去找妹夫徐开法，询问家中有什么要事。徐开法这个人嗜书如命，精通《周易》《资治通鉴》，为人襟怀磊落，疾恶如仇。曾经有人欠他很多银子，到期之后却无钱可还，请求徐开法宽限几天。问明原委，徐开法什么也没说，哈哈大笑着烧掉了欠条。

看见顾炎武，徐开法顾不上客套，拉着他直接进了内室，回头关紧了门窗。顾炎武觉得有大事发生，顾不上喝口茶润润嗓子，便催问妹夫到底发生了什么。原来，曾经追随顾家三代的老仆陆恩眼看顾家失势，竟然投靠叶方恒，口口声声要把顾炎武送官。

好个卖主求荣的奴才！

顾炎武怒不可遏，顾家待陆恩不薄，万万想不到他会干出这种事来。他也不顾徐开法阻拦，直接要去找陆恩问个明白。徐开法在后面嘱咐："最好说动他回心转意，不要做出乡里不容的丑事。"

"我家有什么对不住你的地方？"见到陆恩，

顾炎武单刀直入地问道。

"没有。"陆恩倒也镇静，好像预感到这天会来。

"那你怎么背叛顾家，做出这等无耻之事？"顾炎武追问道。

"哼，无耻？"陆恩抬起头来，冷冷地打量着顾炎武："《金刚经》中的东西，你以为我不知道吗？"

"什么《金刚经》？"

好像晴天响了个炸雷，顾炎武大吃一惊。《金刚经》？陆恩怎么知道这件事？他飞快地转动心思，猛然想起十年前的事来。当时他与福建隆武政权联络，与海上有过几次书信往来。他曾托僧人捎信到舟山，为了掩人耳目，将书信藏在《金刚经》之内。万万想不到，陆恩这厮早有异心，暗中买通僧人，拿到了《金刚经》和书信。

想到这里，顾炎武强自镇静，说道：

"你还是回去想想吧，毕竟来日方长。"

陆恩前脚刚走，顾炎武马上去找妹夫徐开法，前前后后说了一遍。徐开法也觉得事态严重，说道：

"既然他无情，休怪我们无义。照我说，干脆一不做，二不休，灭掉陆恩，一了百了！"

顾炎武来回踱步，一时也想不出更好的办法来。如果书信真的落入叶方恒之手，那么自己砍头事小，恐怕免不了要被诛灭九族。想到这里，他缓缓点了点头。

当天夜里，顾炎武和徐开法带人扑向陆恩家中，将陆恩装入布袋，打晕脑袋，扔进了水中。

原以为神不知鬼不觉，不料很快就东窗事发，陆恩女婿将此事告诉了叶方恒。叶方恒大喜过望，正愁抓不住顾炎武的把柄，想不到顾炎武的罪状却自己送上门来。

叶方恒来了个依样画葫芦，让人抓来顾炎武，关进了自家的库房。他让顾炎武交代私通隆武政权的情事，顾炎武咬紧牙关，什么也不肯说。叶方恒动用私刑，把顾炎武打得遍体鳞伤。

消息传开，徐开法和归庄联络昆山的路泽溥和路泽浓等人，状告叶方恒私立公堂，请求苏州府出面干预。叶方恒无奈，只好将顾炎武送往苏州府。不过，他又买通苏州府推官，要求务必杀死顾炎武。这样一来，顾家的八百亩良田也就变成自己的囊中之物了。

苏州府要按私斩无罪奴论处，判处顾炎武死刑。归庄等人来往于苏州、昆山、常熟，多方联络，最后找到了已经投降清政府的文坛领袖钱谦益。

钱谦益很欣赏顾炎武，表示只要顾炎武愿意拜师，那就可以出面营救。归庄知道顾炎武看不起背叛大明的钱谦益，然而事关生死，也顾不得那么多了。他来不及跟顾炎武商量，私自造了个门生帖子，交给钱谦益。

昆山名士顾炎武拜自己为师，等于往脸上涂金，这让钱谦益喜不自胜，于是亲自出面，强令苏州府将顾炎武转移到松江兵备道衙门，并按杀有罪奴处理。

折腾了大半年，顾炎武终于出狱。回到南京，他安排酒宴，答谢亲朋的救命之恩。不知是谁透露了门生帖子的事，顾炎武听了大惊失色。虽然不便责怪朋友，可是也不能咽下投靠钱谦益这口气。

当天，他就找到钱府，非要追回门生帖子。钱谦益自然不肯。

无奈之下，顾炎武就在南京城里大肆张贴，说明自己并非钱谦益门徒，而且形同陌路。

那天天色将晚，疲惫不堪的顾炎武正要返回神烈山住处，刚到太平门外，突然有人从路边窜了出来，不怀好意地问道："你可是顾炎武？"

"我是顾炎武！"

"打的就是你！"

那人话音未落，挥起手中木棒，径直击向顾炎武。

刹那间，顾炎武只觉得两眼一黑，便从驴背上摔落下来，什么也不知道了。

几天之后，朋友潘柽章和吴炎远来探望，顾炎武说起太平门遇袭的事。众人猜测肯定是叶方恒所为，只是不知道顾炎武被谁救起，捡回了一条命。

闲谈之际，潘柽章说湖州南浔庄氏想编《明史》，邀请潘、吴二人参与，希望顾炎武同行。顾炎武想自己正在养伤，到湖州躲避一下也好，于是跟随潘、吴二人来到了南浔。

不过，顾炎武很快就发现，南浔庄允诚只是

个土财主，所谓编写《明史》，只是为瞎儿子庄廷鑨沽名钓誉罢了。顾炎武不愿参与其事，回到了南京。

北　游

　　顺治十四年（1657），秋风乍起的时候，顾炎武告别家人，骑着瘦弱的毛驴，用两匹朋友赠送的老马驮着几箱书籍，踏上了北游的旅程。

　　毛驴走得很慢，顾炎武也不着急，随手拿起几卷书，轻声诵读。驴背读书是他多年来养成的习惯，早年去南京赶考，也是这样骑着毛驴读书。走在崎岖山路上，他曾滚落山崖，摔得头破血流，不过手里依然紧紧抓着书卷，爬起身来继续读书。

　　进入山东之后，风物大变，天气也更冷了，顾炎武却觉得精神大振。此时此刻，他已经彻底将故乡的不快抛到脑后，开始专心地看起了风景。

　　山东地大物博，又是那么陌生，何去何从？思来想去，顾炎武想到了莱州。他早年参加复社的金陵大会和虎丘大会，认识了不少来自山东的朋友，其中就有莱州的赵士完。颠覆之际，赵士完曾经弃家南下，出任隆武政权的兵部侍郎兼东阁大学士，后来事有不谐，这才重返故里，闭门读书。

莱州赵氏是世家大族，人才辈出，赵士完和同族兄弟赵士元、赵士宽、赵士冕、赵士亮有"五龙"之称。当顾炎武叩开赵府大门的时候，赵士完欣喜不已，热情地将志同道合的老朋友留宿在家里。夜间，赵士完和顾炎武把酒言志；白天，赵士完陪同顾炎武寻访胜迹，拜访亲朋。

这天，赵士完带顾炎武来到忠烈祠。赵士完介绍，忠烈祠里供奉的是崇祯年间的莱州知府朱万年。朱知府为人慷慨磊落，常对同僚朋友说："生作奇男子，死为烈丈夫！"早年间孔有德降清，攻打莱州，朱知府婴城固守。叛军无奈，想出了诈降的诡计。巡抚被蒙蔽，命朱万年出城谈判。朱万年明知敌人没安好心，却还是毅然出城，结果被敌人俘虏。孔有德劝他投降，朱万年破口大骂，然后回过头来大声疾呼，要求城上守军开炮。孔有德恼羞成怒，杀死了朱万年。

听了赵士完的介绍，顾炎武心生敬意，整理衣冠，冲着朱知府的神主行礼致敬。

转到后门，一副楹联吸引了顾炎武的注意。

只见上面写的是："可知节比睢阳，至今三十载，雨雨风风，犹时见攒刃中怒目张须之状；莫怪泪如岘首，试看亿万家，老老幼幼，亦孰非围城内呕心吐血之遗。"

"不错不错，朱知府的节义气概的确可与张睢阳、羊太傅媲美。这副楹联写得不错，莫非是赵兄手笔？"顾炎武问道。

"哈哈，顾兄猜错了，我可写不出来呢。"赵士完笑着回答。

"哦，那是谁？"顾炎武好奇地问道。

"我猜顾兄肯定好奇，咱们这就去拜访撰联人，如何？"赵士完说道。

此人名叫任唐臣，也是复社成员，明亡之后隐居不出，终日以读书为乐。这天他正在家中闲坐，忽然听说赵士完到访，连忙出门迎接。当赵士完介绍顾炎武的时候，任唐臣十分高兴，急忙把客人让进书房。

任唐臣的书房规模宏大，颇有些古旧珍本。顾炎武一一检视，不时颔首。突然，一函《韵补》进入眼帘，顾炎武不由得欣喜若狂，双手颤抖着打开函套。

宋代学者吴才老有感于古今语音不同，苦心钻研，开辟了古韵研究的新天地，只是仍不能尽善尽美。顾炎武自幼熟读经书，也有吴才老的疑惑，经常问祖父，为什么《诗经》里的很多篇目不押韵？顾绍芾对音韵没有深入研究，只是大略说起了吴才老和《韵补》。顾炎武记在心里，却从未见过这部奇书，今日终于得见，怎能不激动万分。

任唐臣看在眼里，便有意将书送给顾炎武。顾炎武连连推辞，表示无功不受禄，不能夺人所爱。任唐臣哈哈大笑：

"宁人兄放心，书不白送，我也有事相求呢。"

"哦，任兄但说无妨。"顾炎武说道。

"前几年，我们莱州任氏编纂家谱，却因没有大手笔做序，至今没有付梓。今日天降宁人兄，还望万万不要推辞。"任唐臣说道。

"承蒙任兄看得起，炎武敢不尽心。"顾炎武爽快地答应了。

不几日，顾炎武便为任氏家谱写完序言，开始研读吴才老的《韵补》。经过十几年的努力，他终于写出《音学五书》，为后世的音韵学研究打下了坚实的基础。

告别赵家兄弟后，顾炎武继续周游山东大地，他转道即墨，登临海上仙山——崂山，然后取道青州，来到了省城济南和淄博之间的章丘。

章丘长白山气势雄伟，风光壮美，立刻吸引了顾炎武的注意。看到路边农田里的农夫，他喝住毛驴，和他们攀谈起来。

"老丈，我听说十几年前，谢迁曾在这里起义？"顾炎武对所有的抗清义士都有着发自内心的敬意。

"那可不嘛。谢迁就藏在这附近的山里，队伍壮大的时候，还打进了淄川城呢。"说起谢迁，老农侃侃而谈，显然是亲身经历过那段如火如荼的岁月。

"谢迁打进淄川城，还活捉了那个臭不要脸的孙之獬咧。"旁边的农夫插嘴说道。

孙之獬是淄川人，天启年间进士，后来党附魏忠贤，被贬回乡。清兵入关后，孙之獬为了讨好多尔衮，率先剃发上朝，不料既挤不进满族大臣的行列，又为汉族大臣不容，进退不得。孙之獬恼羞成怒，连夜上书，故意刺激多尔衮，声称不剃发就等于心怀不轨。于是，多尔衮下令强行剃发，激起了民间悲愤壮烈的反剃发斗争，无数人死于屠刀之下。进入淄川城后，谢迁等人将孙之獬五花大绑，身上遍刺针孔，插满毛发，惩罚他取悦满人、残害同胞的恶行。

听完老乡绘声绘色的叙述，顾炎武哈哈大笑，回到寓所，写下《淄川行》，纪念此行的所见所闻：

张伯松，巧为奏，大纛高牙拥前后。罢将印，归里中，东国有兵鼓逢逢。

鼓逢逢，旗猎猎，淄川城下围三匝。围三匝，开城门，取汝一头谢元元。

经过几天的仔细观察，顾炎武越发喜欢上了长白山的风景，甚至萌生出在这里结庐读书的念头。这里地处齐鲁要冲，即使足不出户，也能见天下之人，闻天下之事，碰到时事变化，还可以像谢迁那样躲进深山。而且这里还有很多古迹，有范仲淹读书堂、郑玄注经处、簧山书院、雪山寺，更是让人流连忘返。

不久，顾炎武便结识了附近的许多明朝遗民，长山刘孔怀、章丘张光启、邹平马骕、桓台徐夜、济阳张尔歧等纷纷赶来相聚。他们常常饮酒赋诗，酒酣耳热之际，大家便劝顾炎武在此常住。顾炎武也有此意，便拜托朋友们代为留意庄田。

几经周折，顾炎武选定了长白山西麓的郑公山下，作为旅途中的暂居地，这样也好安顿从故乡携带和旅行中搜寻得来的书籍。有了书斋好像就有了家，漂泊的心总算得到了安放。

顾炎武很久没有这样舒心过了。

闲来无事，他登上山顶，拜访有名的醴泉寺，或者沿着山谷里的溪流漫步。

除了写作，顾炎武留心考察长白山周边的名胜古迹，很快就走遍了邹平、章丘、济南等地，大清河、小清河、漯河、巨野河、女郎山、平陵城，到处都留下了他的身影。

随着对山东的熟悉，他渐渐萌生出撰写《山东考古录》的念头，用自己的思考去验证古籍里的记载，用自己的笔墨去书写齐鲁的文化和历史，想来就让人心动。

为了贴补生活，他也接受朋友们的推荐，帮助编写地方志书。以笔为犁，获取生活所需的钱粮，他从来不觉得是文人之耻。相反，通过这些工作，他对山东各地的了解越发透彻了。

他从朋友们的交谈中听说曲阜颜光敏的事迹后，再也按捺不住对孔子故里的向往，便骑上毛驴，晓行夜宿，直奔曲阜。颜光敏是孔子高徒颜回的六十七世孙，自幼便聪颖异常，九岁能文，闻名乡里，其祖父在鼎革之际壮烈殉国，父亲发誓终生不食清禄。顾炎武听了感动不已，当即把这位比自己年轻二十多岁的青年才俊引为知己。

颜光敏充分展示了青年人的活泼，他才华横溢，天文地理，无所不究，琴棋书画，无所不通，尤其对音乐有不俗的见解。颜光敏仰慕顾炎武的学问和品格，兴冲冲地陪着他拜谒孔庙、孔林、孔府、陋巷、孟子故里等古迹。

顾炎武从小熟读四书五经，对孔子事迹和孔门弟子的故事更是耳熟能详，如今真的走在曲阜街巷，仿佛落脚就能踩进前辈的脚印，内心觉得感动而亲切。

应颜光敏之请，顾炎武帮助校订颜氏家训，还将自己所著的《韵谱》《诗本音》交给颜光敏，请他代为分发友人。

顾炎武早就有进北京的想法。他从小跟随爷爷读邸报，抄邸报，对北京乃至紫禁城充满了好奇和向往。因为编写《天下郡国利病书》，他更想亲自走走看看，堂堂大明究竟是如何一步步沉沦的，清军又是如何斩关夺隘而来的。

离开山东，顾炎武步步向北，终于在深秋时节到达涿州。京城在望，顾炎武的心头不由得涌起万般感慨。他想去北京昌平拜谒明帝陵，然而当他真的走进京城，看着巍峨的宫殿、繁华的街市，突然又感觉无比凄凉，只想快快逃离。

于是，在朋友孙宝侗的安排下，顾炎武很快离开北京，转而向东行去，经过蓟州、遵化、玉田、卢龙，来到山海关、昌黎。他一路考察山川地理，和脑海里、书本上的知识相对照，同时一路打听当地的人物事迹。

经过昌黎东门时，一座名称怪异的祠庙吸引了顾炎武的注意。

这座祠庙名为"拽梯郎君祠"。顾炎武找来当地父老，打听祠名的来历。原来，崇祯三年（1630）初春，清兵攻陷卢龙后，又来攻打昌黎，昌黎县令左应选吓得魂不守舍，躲在县衙里不敢露面。百姓们义愤填膺，成群结队地来到县衙，要求县令率领军民抵抗清兵。无奈之下，左县令只好组织百姓，上城防守。

敌人打红了眼，组织更猛烈的进攻，潮水般的清兵涌向昌黎城，用云梯登上城墙。危急时刻，有一位壮士奋勇跑到城下，拽倒了云梯，正在登梯的清兵咕噜噜滚了下来。壮士再去拽别的云梯，却被围上来的清兵砍死。清兵围攻昌黎七天七夜，终于不能得逞，只好退兵而去。

后来，朝廷表彰昌黎军民，特意将那位无名勇士封为"拽梯郎君"，百姓们自发地在东门外建起了"拽梯郎君祠"，永远纪念他的勇敢无畏。

"忠臣义士，性也，非慕其名而为之。名者，国家之所以报忠臣义士也。"顾炎武特别感动，写下了《拽梯郎君祠记》，向这位无名壮士表达敬意。

经过一路的行走考察，顾炎武的心结似乎解开了。古人云"在德不在险"，无论山河多么雄壮，如果当朝者失德，江山易主也就是早晚的事了。

他接到归庄从故乡寄来的书信，看到里面"宫阙山河万里壮，可怜不是旧京华"的句子，心有戚戚，于是挥笔写了回信，并附上刚刚写成的新诗《永平》，算是对老朋友的回答：

流落天涯意自如，孤踪终与世情疏。

冯谖元不曾弹铗，关令安能强著书。

榆塞晚花重发后，滦河秋雁独飞初。

从兹一览神州去，万里徜徉兴有余。

万里徜徉，一览神州！当初送别之时，归庄曾说"宁人兄如果不是遇到这些麻烦，怎能遨游天下？最多是江南一个富翁罢了"。此时想来，归庄说得的确不错，读万卷书，行万里路，如果太史公不是行遍天下，怎能写出彪炳千秋的《史记》？

第二年暮春时节，顾炎武终于抵达昌平，来到十三陵下。十三陵位于天寿山麓，永乐七年（1409）开始营建，两百三十多年里，埋葬了十三位皇帝、二十三位皇后，完整地见证了大明帝国的兴衰。

顾炎武置办了薄酒蔬果，徐徐步行到明成祖朱棣的长陵。他在长陵的祾恩殿上点燃香烛，跪拜在地，忍不住失声痛哭。如果成祖皇帝看到今日大明百姓剃发易服的情形，他该做何感想？

哭过之后，顾炎武坐在殿前石阶上，心情渐渐平复下来。春天即将过去，树木郁郁葱葱，环绕着巍峨的陵寝。草木无知又无情，更不管什么江山易主，只是春来萌发、秋来落叶而已。

这真是天若有情天亦老啊。顾炎武走出长陵，

——踏访明仁宗的献陵、明宣宗的景陵、明英宗的裕陵、明宪宗的茂陵、明孝宗的泰陵、明武宗的康陵、明世宗的永陵、明穆宗的昭陵、明神宗的定陵、明光宗的庆陵、明熹宗的德陵。

这么多皇帝躺在地下，成为任后人凭吊的历史，然而他们当中，不是也有许多糊涂的昏君吗？不是也干了很多残害百姓的祸事吗？地非不险，城非不高，兵非不多，粮非不足，为什么国家就灭亡了呢？因为大道不行，失去了人心！除此以外，顾炎武想不出更多的缘由了。

走到崇祯帝的思陵，顾炎武陷入了沉思。

北京城破之际，崇祯皇帝吊死在煤山，周皇后自缢于紫禁城，后来两人的棺椁运至昌平，当地人打开鹿马山下田贵妃的墓冢，将田贵妃的棺木移至左侧，把崇祯帝的棺椁放置在中间，又把周皇后的棺椁则放置在右侧，草草掩埋。直到大清定鼎之后，才将这座墓葬命名为思陵。

顾炎武想到，宋室南渡之时，埋葬在绍兴的宋六陵当时没有称之为陵，因为还要运送到巩义的帝室园陵正式入葬，所以暂时称作攒宫。他想，崇祯皇帝和周皇后并没有按照帝王之礼安葬，而是草草埋葬于贵妃之陵，所以也应该称作攒宫。

这样边看边想，顾炎武写下了长诗《恭谒天寿山十三陵》和《昌平山水记》，记录考察长城、十三陵的所见所闻和所思所想。

告别天寿山十三陵，顾炎武取道沙河店、回龙观、清河、土城，从德胜门进入京城。这几天，北京城里喜气洋洋，分外热闹。原来是新科进士发榜了，顾炎武的外甥徐元文高中状元！

妹夫徐开法膝下有四个儿子，除了老四徐亮采资质平平，其余兄弟三人个个文采飞扬，闻名昆山。徐乾学、徐秉义、徐元文兄弟三人先后进入太学，其中老三徐元文率先及第，还被皇上赞为"佳状元"。

顾炎武在京城见到三位外甥，分外高兴。在他乡遇见娘舅，外甥们喜不自胜，连忙安排酒宴，殷勤招待。白天，顺治帝在乾清门召见了新科状元徐元文，当场赏赐冠带、蟒服，钦点为翰林院编修。

酒宴上，徐元文眉飞色舞地诉说这些经过，忽然察觉到大哥暗示的眼神，连忙闭上了嘴。他生怕自己得意忘形，戳中舅舅心底的痛处。

顾炎武何尝不知道外甥们的心思，他挨个打量他们年轻活泼的脸庞，欣慰地说道：

"元文今日一飞冲天，将来前途不可限量。乾学和秉义的学问，舅舅也是知道的，登第是早晚的事。这几年一路走来，我也在不停地思考，江山易主，朝代更迭，历来有之。只要坚守学问之道，为国为民，那就不愧为读书人了。"

"玉辇纵横过主第，金鞭络绎向侯家。"唐人卢照邻的诗句虽然是写长安，可是北京城的繁华热闹有过之而无不及。不过在顾炎武眼中，这些繁华热闹却没什么吸引力。他在徐乾学的带领下寻访古迹，流连于书肆，访到不少珍贵的古籍。

那天，他偶然看到陆世仪的《思辨录》，匆匆翻阅，不由得眼中放光，心潮澎湃，买回来夤夜捧读，忍不住击节赞赏。他这才感到学术不绝，在心里暗暗地将陆世仪引为知己。

顾炎武为晚辈后生们的进步感到由衷的高兴，

祈愿他们在新朝有所成就。至于自己，他还是铁了心地依恋旧朝，不愿迈过那道门槛。当他从徐元文带回的邸报上看到江南的消息，心情大振，匆匆离开京城，往江南而去。

江南的抗清斗争还在继续。

郑成功顺利进入长江，接连攻克瓜洲、镇江等军事重镇，随后张煌言分兵向西，先后收复太平、宁国、池州、徽州、广德诸县。当地父老望见明朝衣冠，无不感动落泪。一月之内，张煌言收复了四府、三州、二十四县，清廷大震，四处调兵镇压。

顾炎武晓行夜宿，不顾一切地赶路。他要加入这支期盼已久的队伍，投身到这场让人热血沸腾的战斗中去，然而天不遂人愿，当他急急赶到扬州的时候，形势陡然巨变。

郑成功中了清军的缓兵之计，错失战机，终于兵败南京。不久，郑成功放弃瓜洲和镇江，退兵海上。没有了郑成功的支援，张煌言立刻成了断线的风筝，进无可进，退无可退。面对铺天盖地而来的追兵，张煌言全军覆没，最后只能化妆夜行，辗转于皖南、浙西的山间，最后九死一生地回到了浙江沿海。

大雨滂沱，冲刷着遍地的烈士之血。顾炎武仿佛做了一场大梦，梦中旌旗猎猎，战鼓咚咚，醒来时一切成空。站在雨中，他怅然若失。想到郑成功、张煌言等人多年来的苦心经营，勉力拼搏，如今已经化为泡影，他更感觉那些奋不顾身的战士是替自己而死。恍惚之际，似乎气血正在流出自己的身体，突然之间，他再也支撑不住，昏倒在地。

顾炎武醒来时，发现自己躺在客栈的床上，床边坐着一位面容清癯的长者。意识到是他在照顾自己，顾炎武连忙挣扎起身，欠身答谢。

"还没请教……"

"宁人兄安好，鄙人是太原傅山。"

傅山，字青主，诗书字画无所不通，医学、武术更是闻名江湖，明亡之后，他誓不事清，出家做了道人。傅山的学问和品德，顾炎武早有耳闻，万万想不到自己在心灰意冷之际竟会遇到他。顾炎武连忙下床，重新见礼。

顾炎武醒来时，发现自己躺在客栈的床上，床边坐着一位面容清癯的长者。

西　行

　　朝暮更迭，日月如梭，这些年来，清廷也发生了不少大事。先是顺治七年（1650），权势熏天的摄政王多尔衮坠马跌伤，不久便死在喀喇城。顺治帝在皇太后博尔济吉特氏的辅佐下亲政。顺治十七年（1660），因为董鄂妃的逝世，顺治帝无心政事，几欲削发为僧，幸得玉林琇大师劝阻，才避免了天子出家的丑闻。不料第二年正月，顺治帝忽然患痘，不几日便驾崩于养心殿。

　　顺治帝第三子玄烨登基，改元康熙。

　　这年的春节，顾炎武是在十三陵度过的。想起自己半生已过，两鬓已斑，然而终无大成，心里只觉得无比恓惶。南方又传来让人沮丧的消息，永历帝朱由榔在缅甸被擒获，南明最后一个政权已经不复存在，顾炎武心底仅存的希望也化作泡影。

回想顺治七年（1650）以来，剪发改容，流落江湖，至今已经过去了十二年。十二年间，所成何事？最大的成就自然是三万里的行走，沿途读书也不下万卷，而且最终完成了《肇域志》。这个绵延二十多年的大工程，如今终于宣告竣工。

顾炎武不由得长长地吁了口气，年华，总算没有虚度。

旧事已毕，新业未知，接下来该做什么呢？顾炎武回想崇祯十七年（1644）以来的桩桩往事，想到人心的浇漓、天下的兴亡，忽然感觉在朝代兴衰之外，似乎还有更加要紧的事情。他从小在祖父的教导之下崇尚实学，鄙薄坐而论道和党争权斗。身处乱世，他更加切骨地感觉到，自从王阳明去世之后，王学后人充当天下喉舌，凭着赤手搏虎之胆，放肆地篡改学术，王学已经近乎佛学和玄学，后生学者往往被迷惑。那么身为学者，何不写一部修正学术，更兼匡正人心的大书呢。

"是了，是了，明学术，正人心，拨乱世以兴太平之事。那就叫做《日知录》吧。"

想到这里，顾炎武感到无比兴奋。

"子夏曰：'日知其所亡，月无忘其所能，可谓好学也已矣。'"随口吟诵着《论语》里的句子，他收拾行囊，喂饱毛驴，又要出发了。

想起傅山，顾炎武便觉得有了方向。上次在扬州偶遇，两人莫逆于心，约定山西再见。

依然是毛驴驮人，瘦马驮书。啼声得得，暑风拂面，十数日后，顾炎武已经来到太行山腹地的河北曲阳。关于祭祀北岳的地点，这时朝廷正在争论，有人主张把祭祀的地点转移到山西浑源。顾炎武却以为非常荒谬，因为自古以来，朝廷祭祀北岳都是在曲阳。

果然，经过寻访，他得知曲阳北岳庙始建于北魏景明年间，千余年来祭祀不辍。面对着唐宋以来的碑文，他如获至宝，连忙拿出准备好的纸墨，能拓印的就拓印，不能拓印的就当场临摹。北游以来，这样的拓本已经积攒了数百幅，有的存在山东章丘，有的随身携带。随后，他又穿越太行山，径直来到浑源。果不其然，浑源根本没有所谓的北岳庙。

平生初次踏上三晋大地，顾炎武的心里非常激动。

站在白茫茫的汾河边，秋风吹拂衣襟，渐渐生出几分凉意。北方的河流不同于江南，开阔壮观，怪不得诗人临河，会写出那么多悲壮的名诗。几片树叶随风飘落，一只白鹳引颈长鸣，顾炎武高声吟诵汉武帝的《秋风辞》：

> 秋风起兮白云飞，草木黄落兮雁南归。兰有秀兮菊有芳，怀佳人兮不能忘。泛楼船兮济汾河，横中流兮扬素波。箫鼓鸣兮发棹歌，欢乐极兮哀情多。少壮几时兮奈老何！

距离太原城东南七八里，永祚寺的双塔巍然屹立，顾炎武循着塔下的小路前行，不久便来到傅山隐居的松庄。

松庄是个不大的小山村，仅有几十户人家。村子以北是一片丘陵，村子南面小溪流淌，十分清幽安宁。

夜夜抵足长谈，顾炎武对傅山有了更深入的了解。傅山出身于书香世家，自幼聪颖，博闻强识，后来就读于三立书院，成为山西提学袁继咸的得意门生。天启年间，袁继咸受到阉党魏忠贤的迫害，身陷牢狱。傅山联络数百名生员，徒步进京，为老师鸣不平。投书有司处处碰壁，傅山等人却毫不气馁，而是印发揭贴四处张贴，宣示老师的清白无辜。经过长达七个月的抗争，终于让袁继咸沉冤昭雪。傅山由此名扬京师。

明亡之后，为了反抗剃发令，傅山拜五峰山道人郭静中为师，身披红色道袍，自号"朱衣道人"，以示不忘故明。

傅山学问精深，却不是只知埋头读书的学究，对于经商之道，也有独到见解。

"李闯兵败之后，辗转于秦晋之间，据说在山西埋藏了很多珍宝。山西人得之甚多，陡然间出现了很多富豪。如果能把这些财货聚拢起来，既可以产生利润，还可以掩人耳目。用这些财富可以广召文武之才，将来有事之时，还可以置办军需。"

日暮时分，顾炎武和傅山在村南的河边散步，傅山说出心中久藏的想法。山西藏金的事，顾炎武多有耳闻，原本以为是坊间传说，今日从傅山口中听到，这才知道原来传言不虚。李自成攻陷北京，得金银无数，后来把这些金银融化为饼，准备运往西安，后因清兵追迫，只能沿途埋藏，后来多为山西人发掘。

　　"我早就听说山西人擅长做生意，大江南北，长城内外，都有晋人贩茶卖布的足迹，只是苦于金银携带不便，生意难以做大。如果像先生所言，设立一种可以寄存、汇兑银钱的机构，那真是利国利民的大事，千百年来无此创举啊！"

　　出游多年，顾炎武深知钱财的重要性，因而不像寻常读书人那样羞于谈钱。

　　"既然宁人也有此意，那咱们就来携手促成此事。"傅山说道。

　　"此事大有可为。我看这种机构就叫票号，如何？"顾炎武兴奋地说道。

　　不久，傅山广发名帖，号召太原富豪共襄盛举。凭借傅山和顾炎武的威望，很快就办成了山西乃至全国第一家票号。

第二天，天已经大亮了，顾炎武还没醒来，朦胧间忽然听见窗外有人喊话。

"汀茫久矣！汀茫久矣！"

原来是傅山在喊顾炎武起床。

顾炎武开门出来，大惑不解。

"先生所言何事？"

"哈哈哈，宁人啊宁人，亏你平时好说古音，还编写了皇皇巨著《音学五书》呢！"傅山笑着说道。

原来如此！顾炎武也不由得哑然失笑。原来，傅山所说的"汀"正是"天"的古音，"茫"是"明"的古音，"汀茫"相合，可不就是"天明"的意思吗。

开过玩笑，傅山的神色忽然凝重起来，递给顾炎武一份最新的邸报。

"哎哟，不好！"顾炎武失声惊叫道。

邸报上赫然写着，朝廷正在严加追究湖州南浔庄廷鑨私修《明史》的案子。多年以前，顾炎武和潘柽章曾亲自到过南浔，见了庄氏父子。庄廷鑨双目失明，却忽发奇想，要学史圣左丘明，于是买来前明内阁首辅朱国祯的《史概》，另外召集文人学者，在《史概》基础上编辑修改，又补充了南明朝廷的事迹。庄廷鑨死后，他的父亲庄允诚刻印成《明史辑略》。为了拉虎皮做大旗，庄允诚请前明大员李令晢作序，还自作聪明地加上了茅元锡、查继佐等江南名士的名字。不料，归安知县吴之荣购得书籍，居为奇货，告发至京城，惊动了辅政大臣鳌拜。鳌拜下令严惩不贷，其实是想杀一儆百，吓唬江南各地心怀故明的文人学士。一时之间，参与编写的文人，袒护庄氏父子的官员，甚至购买、阅读这部明史的人，纷纷被逮入狱。

看到这个消息，顾炎武只觉得心惊肉跳。一来庆幸自己早就察觉到庄家父子不学无术，早早抽身退出，二来也为潘柽章、吴炎两位朋友提心吊胆。

果然，明史案进展迅速，当顾炎武辞别傅山，南下来到代州的时候，得到了案结的消息。潘、吴二友连同十四人被杀害于杭州弼教坊，其余被杀者有七十余人，庄允诚死于北京牢狱，庄廷鑨虽死，也被掘墓焚尸，整个庄氏家族无人幸免。潘柽章的妻子沈氏怀有身孕，仍被流放宁古塔，不幸中途流产，沈氏于绝望中服毒自尽。

《明史辑略》被搜缴净尽，连同书版全部焚毁。当年顾炎武借给两位朋友的千余卷藏书也都被付之一炬。

顾炎武忍着悲痛，眼含热泪写下了《书吴潘二子事》，毫不避讳地纪念两位故友。写完之后仍觉意犹未尽，继续赋诗写道：

> 露下空林百草残，临风有恸奠椒兰。
> 韭溪血化幽泉碧，蒿里魂归白日寒。
> 一代文章亡左马，千秋仁义在吴潘。
> 巫招虞殡俱零落，欲访遗书远道难。

在代州，顾炎武结识了李因笃，两人一见如故，遂成忘年之交。

早在太原，顾炎武就从傅山口中听说了李因笃的事迹。李因笃是陕西富平人，自幼聪颖，人称神童，"八岁能文章，出语辄惊人"，十一岁便在县试中考了第一名，得以进入县学。

明亡之后，李因笃立志反清复明，四处游学，结交有志之士。后经朋友推荐，到代州知州陈上年家做了塾师。

李因笃在代州声名远播，四方学子慕名而来。但是，李因笃眼光也很高，普通人很难入他的法眼。听说昆山顾炎武来访，李因笃喜出望外，亲自出来迎接。

两人年纪相差十九岁，不过相似的背景让他们毫无隔阂，谈论起学术文章和天下形势，更是非常默契。

李因笃陪同顾炎武踏访了代州的边靖楼、洪福寺、文庙。顾炎武最感兴趣的自然是雁门关。登上关楼，眺望山河，顾炎武万分感慨。早年编纂《天下郡国利病书》，他就重点写过雁门关的地理地势："隘口十八，东为水峪，为胡峒峪，为马兰，为茹越，为小石，为大石，为北楼，为太安，为团城，为平刑；西为太和，为水芹，为吊桥，为庙岭，为石匣，为阳武峪，为玄岗，为芦板口，各有堡。"

"纸上得来终觉浅，绝知此事要躬行。"一路走来，他更加深刻地体会到陆游诗句的深意。这就是雁门关！这才是雁门关！置身天地之间，古今往事犹如联翩万马，扑面而来，历史与现实相互印证，他才感觉到书本上的知识徐徐融入身心。

这年秋天，二人携手同游关中，一路领略潼关古城的风姿、西岳华山的天险。华阴背靠华山，前临黄河，地势独特，历来是兵家必争之地。顾炎武的心里萌生出在华阴居住的想法。

听了顾炎武的话，李因笃高兴地说道：

"先生果有此意，那我给你推荐个邻居。"

"邻居，谁？"

"此人名叫王宏撰，从小就手抄《左传》《史记》《汉书》……"

"哈哈哈，真是有缘！"

听说王宏撰酷爱抄书，顾炎武忍不住哈哈大笑。李因笃不明就里，呆呆地看着顾炎武。

"我从小受祖父教诲，养成了抄书的习惯，以后每次听到抄书之人，总会感到亲近，少年时追随张溥先生参加复社，他可是七录七焚啊。"顾炎武解释道。

"哈哈，原来如此。大明倾亡之后，王宏撰在华山脚下结庐读书，学问日进，前几年曾到雁门相见，故而相识。"

两人一路谈笑，一路打听，很快便来到王宏撰所住的潜村明善堂。听说两位前辈同时莅临，王宏撰兴奋不已，来不及提鞋便跑出门来。

随后几天，顾炎武和李因笃在王宏撰的陪同下登山临水，详细考察华阴的地理地势。站在西岳庙前，眺望华山，顾炎武心潮澎湃，恨不能插翅高飞，飞上这自古一条路的西岳。

拜完西岳庙，顾炎武兴味不减，随口吟诵着描写华山的诗句："四序乘金气，三峰压大河。巨灵雄勚贔，白帝俨巍峨。"

当天夜里，趁着酒兴，王宏撰盛情邀请顾炎武在华阴长住。顾炎武看着窗外，圆月高高挂在华山之巅，秋虫在院子里鸣唱，他忽然有些想念家乡的月亮了。

顾炎武已经有了长住华阴的想法，只是觉得时机还不成熟。几天之后，他便辞别王宏撰，和李因笃继续西行，过骊山，到长安，随后渡过渭河，到富平，亲自拜访李因笃家乡，随后拜谒乾陵。

最后，他们来到周至县，走访了著名学者李颙。

李颙，字中孚，号二曲，虽然比顾炎武年轻十四岁，此时已经是有名的学者，与李因笃、眉县李柏并称"关中三李"。李颙重视实学，反对空谈。当时学者习惯把理学宗师朱熹和心学大家陆九渊对立起来，李颙却别开蹊径，各取所长。他说朱熹教人循循有序，中正平实，非常便于初学者入门，而陆九渊能避免支离破碎，突破禁锢束缚，更能警示读书人。

听了李颙的见解，顾炎武大为叹服，认为他很有北宋张载的遗风，真正是为往圣继绝学。

"幸亏在扬州巧遇傅山先生，这才有了秦晋之行，否则怎能见识这么多才俊。原来我以为天下学问尽在东南，今日方知那是坐井观天。"

听到前辈的赞赏，李因笃和李颙既感到亲切，又觉得惭愧。

从秦晋归来后，顾炎武再次拜谒十三陵，然

后转道向南，再次回到阔别已久的山东。在顾炎武心里，山东章丘已经成了他旅途中的驿站，甚至是第二故乡。

这次回来，顾炎武有事要办。

当初，章丘地主谢长吉要做生意，曾找顾炎武借了一千两银子，并以良田十顷作为抵押。每次看到地方豪强和大地主，顾炎武就会情不自禁地想起叶方恒。这笔钱他本来不想出借，但是当地朋友出面作保，利息又高，还有土地做抵押，山东当地没有票号，存银不便，他也不愿携带这么多现银到处游走，思量再三，也就答应了。

不料，谢长吉做生意亏了本。逾期还不上本息，只能恨恨地将十顷良田的地契交给顾炎武。凭空多了这么多土地，顾炎武的心里喜忧参半。喜的是有了稳定的田产，后半生当无衣食之虑，足以支撑天南地北的行走，忧的是谢长吉在当地名声并不太好，他会不会像叶方恒那样纠缠不休？

一时之间，也顾不了那么多。顾炎武雇人打理土地和庄园，自己再次出发，继续向山西而去，因为他和李因笃有约，要在代州雁门关附近做件大事。

康熙五年（1666），暮春时节，顾炎武再次翻越太行山，来到山西太原。

这时傅山已经离开松庄，住到了山西布政使王显祚为他置办的房子里。新宅宽敞，容纳的客人也多，顾炎武遇到了浙江秀水人朱彝尊、广东番禺人屈大均等人。这些人都心怀故明，同声相应，同气相求，一见如故。

朱彝尊游走于北京、河北、山西，目前正在王显祚的布政使衙门做幕僚。他本来已经游过晋祠，但是见到顾炎武分外高兴，便主动做向导，带领顾炎武和屈大均再游晋祠，登天龙山，观看孙氏石台。

顾炎武早已为三晋大地深厚的历史人文所打动，觉得民风淳朴不亚于齐鲁，山水风景更堪比吴越。问起近来忙什么，朱彝尊说正为钱谦益文集写序言，中间有一句"海内文章伯，周南太史公"的颂诗。

"太史公，太史公……"

顾炎武回味着朱彝尊的诗句，隐约想起早年奔走于南京街头，向钱谦益索要门生帖子的往事，不由得苦笑着摇了摇头。朱彝尊的文章本来只是出于情面，他对钱谦益的为人和做派也没什么好感，看到顾炎武的态度，也就不再多说什么了。

相同的亡国之恨，相似的抗清经历，让这些年龄相差甚多的人犹如同志。薄暮时分，散步在汾河岸边，他们说起这几年义军的凋零，纷纷叹息。先是顺治十八年（1661），郑成功在收复台湾后不久含恨而逝，抗清义军痛失大纛；接着，康熙三年（1663）九月七日，张煌言被杀于杭州，临刑时眼望吴山，叹息道："大好河山，可惜沦于腥膻！"

"我年适五九，偏逢九月七。大厦已不支，成仁万事毕。"

朱彝尊轻声吟诵张煌言的《绝命诗》，众人听了默不作声。良久之后，顾炎武抬起头来，说道：

"我辈中人最恨空谈误国。既然大伙儿聚在一起，我们何不做些什么？"

"做什么呢？"众人不解。

"雁门关外野人家，不养桑蚕不种麻。百里并无梨枣树，三春那得桃杏花？六月雨过山头雪，狂风遍地起黄沙。说与江南人不信，早穿皮袄午穿纱。"顾炎武吟诵着明朝名将王越的诗句，然后说道："前几年我去雁门访问李因笃，深感雁门地势之险要，无与伦比。我们何不学古人屯田之举，来个书生垦荒。一来也积攒些粮食，二来聚集同道中人，将来或许……"

听完顾炎武的话，大家也都明白了他的意思，纷纷说好。

为了打消傅山的顾虑，当天夜里，顾炎武挥笔写下《又酬傅处士韵》，深情地劝说傅山以花甲之年打起精神，共商大事。

> 愁听关塞遍吹笳，不见中原有战车。
> 三户已亡熊绎国，一成犹启少康家。
> 苍龙日暮还行雨，老树春深更著花。
> 能得汉庭明诏近，五湖同觅钓渔槎。

一下子来了这么多名重寰宇的学者、师长，李因笃乐不可支。听说了顾炎武"雁门垦荒"的构想，他当即去找代州知州陈上年，请求支持。

说干就干，顾炎武挽起裤脚，亲自下地干活。

陈上年不同于普通官吏，他为人豪侠仗义，喜欢结交文士。听了李因笃的话，陈上年当即表示支持，划出雁门关以北的大片荒地给顾炎武等人。

"宁人不光学问好，善经商，竟然还能种田呢！"傅山开玩笑说。

说干就干，顾炎武挽起裤脚，亲自下地干活。这让朋友们惊讶不已。二十几位志同道合的朋友分成好几拨，有人购买树苗、秧苗、种子，有人购买耕牛和犁铧，还有人负责在田边盖房。

雁门关以北雨水少，浇灌不便，顾炎武写信给家乡的亲友，询问水车的做法，然后雇佣当地木匠，照着图纸打造水车。

小时候家里有田，他却忙于读书，没有机会下地。不久前得了章丘的大片良田，他依然没有亲自去打理。唯有这次，他决定好好耕种，好好体会稼穑之苦，或许也能去掉身上的腐儒气质呢。

再陷囹圄

　　康熙七年（1668）春天，四处奔波、风尘仆仆的顾炎武总算停下脚步，暂时居住在北京西城的报国寺。外甥徐乾学正在太学攻读，有时过来看望舅舅。顾炎武很喜欢这位外甥，和他无话不谈，无事不说。倒是三外甥徐元文，此时已经是京城官场炙手可热的人物，顾炎武有意同他保持着距离。

　　巧合的是，李因笃也在京城游历，听说顾炎武从孙承泽处借得《春秋纂例》《春秋权衡》《汉上易传》等书，正想抄录，便将顾炎武的情况告诉了陈上年。陈上年当即慷慨解囊，资助钱粮纸笔，让顾炎武放心抄录。

　　这天，二人见面之后，顾炎武拿出去年刻印于淮安的《音学五书》，递给李因笃。

虽然早已听说过这部书，此刻真正翻阅起来，却是别有滋味。

"此书必将流传后世，先生在音韵之学上新开创了一个天地啊！"读完之后，李因笃由衷地赞赏。

"唉，书既写完，就不是自己的了，能得几个知音，我也就心满意足了。"顾炎武沉吟道。

"先生的书，我都有幸读过。张横渠说为往圣继绝学，为万世开太平，以我拙见，先生当得起。"李因笃说道，"不知先生的《日知录》进展如何了？"

"君子为学，无非是明道、救世。若是徒以诗文自娱，又有何益呢！"顾炎武顿了顿，又说道："五十岁以后，我笃志于经史，立志以《音学五书》接续《诗经》的音韵之学。仍觉意犹未尽，又开始撰写《日知录》，我想把它分为三篇，上篇辨析经学，中篇论治国之道，下篇为博闻广志，目前仅完成了七八卷，也不知余生能否完成。"

"我看过先生已经写成的部分，可谓震古烁

今，弥足珍贵。"李因笃真诚地说。

"未竟之作，随写随改，如果发现有人写过，我会立刻删掉，所以不是知己，我也不愿轻易示人。"说起正在写作的《日知录》，顾炎武的神情立刻变得严肃起来。

"先生对学问要求之严谨，落笔之谨慎，当世罕见。"李因笃说。

"说起当世学者，我独佩服陆公世仪、黄公宗羲，两位的经世致用之学，深得我心，读他们的书，真是如饮美酒呢。"说到陆世仪和黄宗羲，顾炎武的眼睛里流露出向往的神色。

不料，平静的生活没有持续多久，山东那边传来了霹雳般的坏消息：莱州府即墨县人姜元衡向山东巡抚衙门状告同乡黄培私刻逆书，事情牵扯到了顾炎武。

顾炎武百思不得其解，这件事怎么会牵扯到自己，他向山东的朋友写信打听，总算了解到事情的来龙去脉。

原来，这个姜元衡本姓黄，几代人都是即墨黄家的仆人，顺治时，姜元衡考中进士，做了翰林院庶吉士，改回了本姓。前几年回乡奉养双亲，碰上黄培和人打官司，姜元衡趁机跟主家算起了新旧恩怨。

眼看不能扳倒黄家，姜元衡又精心谋划，状告黄培私刻《忠节录》，这才把顾炎武牵连进来。

朝廷文网日密，湖州明史案刚刚过去，朝廷还处决了名士金圣叹。这些事历历在目，顾炎武不敢大意，连夜叫来外甥徐乾学，共同商议应对之策。

"《忠节录》是陈济生所编的《天启崇祯两朝遗诗》，简称《启祯集》……"

顾炎武还没说完，徐乾学不由得大吃一惊：

"表兄陈济生？这个案子好像审结了啊！"

"不错，此书作者正是你的表兄陈济生。不过，此书与我毫不相干。牵扯到我，是因为书中有一篇《顾推官传》。这位顾推官就是顾咸正，我和他过从甚密，因为参与陈子龙抗清义军，他们父子三人相继遇难。我还为他们写过几首悼诗。"顾炎武说道。

"仅仅是写悼诗，并未参与其事，那也算不

得同谋。问题是姜元衡指控舅舅在即墨刻印此书……"徐乾学说。

"绝无此事，我与黄培也只是一面之缘，没有深交，这件事我根本不知情。"顾炎武解释道。

"嗯，这个关节必须一口咬定，就说与黄培素不相识。"李因笃说道。

"我好像想起来了，前几年有人控告这部书为逆书，后来皇上定了案，说是诬告。姜元衡旧事重提，实在是铤而走险啊。"徐乾学陷入了沉思。

"既然如此，事情闹得越大越好，最好是闹到皇上那里，钦定的案子怎能翻案，只怕姜元衡偷鸡不成蚀把米。"李因笃说道。

"不错，文字狱干系重大，此案当年也是尽人皆知的案子，我在太学，也略有耳闻。我再写信问问元文吧。"徐乾学说道。

"既是这样，我们就在这里做文章，反过来控诉姜元衡试图翻案，皇上总不能推翻前面的判决吧。"顾炎武说道。

"舅父放心，我这就联络朝中同乡，请他们代为说项。"徐乾学坚定地说道。

商定之后，顾炎武立即动身赶往济南，随即被逮入狱。他已经卖掉驴马，托人把书籍送回章丘。消息传开，田庄里的仆人们作鸟兽散，无人敢再留在顾家。

顾炎武独坐囚室，每天只能喝点凉水，吃几个烧饼，还要经常遭受狱卒的呵斥和谩骂。他万万想不到，自己年过半百，又遭牢狱之灾，心里无比凄凉。他又劝自己不要多想，从小到大，读圣贤之书，颂圣贤之德，所为何事？不正是为了应对这从天而降的灾难吗？

长夜漫漫，一灯如豆，辗转难眠之际，顾炎武想起了母亲。母亲宁愿饿死，也不做新朝子民，那样地坚定，那样地视死如归，不正是因为自幼学习圣贤的教诲，心甘情愿去做正确的事吗？

想到这里，他不再唉声叹气，鼓舞精神，给朝中好友谭吉璁写信，详详细细、明明白白地诉说了前因后果，恳请老友主持公道。

就在顾炎武写信自救的同时，监狱外面也进行着紧张的营救事宜。曲阜颜光敏听到消息，昼夜不停地赶到济南，拜见山东巡抚刘芳躅。朱彝尊离

长夜漫漫，一灯如豆，辗转难眠之际，顾炎武想起了母亲。

开山西后，也来到了济南，而且正在刘芳躅这里做幕宾。

于是，两人共同去找刘巡抚，详细介绍了顾炎武的学问和人品，请巡抚相信姜元衡是诬告，此事与顾炎武万不相干。

不久，正在昆山家中守丧的徐元文得到大哥的信，也亲自赶到济南，向刘巡抚指出《忠节录》一案是钦定的铁案，万万不能听信姜元衡的一面之词，否则真要闹到北京，刘大人恐怕也会受到皇上指责。

顾炎武下狱没多久，李因笃和王宏撰也亲自来到济南，打通关节，多方照料顾炎武。李因笃干脆住在附近，每天送酒送饭，想方设法地安抚顾炎武，让他感到无比欣慰。

不久，黄培诗案在山东巡院庭审。

黄培展开绝地反击，指斥姜元衡报复主人，居官期间收受贿赂，侵占民宅，私下里诽谤朝政，这次诬告正是企图借朝廷之刀，杀人灭口。

顾炎武也据理力争，坚决否认自己认识黄培，更无私刻逆书之事。他说《忠节录》是伪书，是江南无赖文人摘录《启祯集》的人物传记编纂而成，网络大江南北知名士子数百人，要挟索取贿赂。这个案子早已在几年前由皇上钦定审结，如今姜元衡旧案重翻，居心不良。

最后，顾炎武说自己和姜元衡无冤无仇，之所以被牵连入狱，必定是章丘谢长吉的唆使。

"我本是江南人，早年在山东做买卖，将本钱寄放在山东章丘。谢家借用这笔钱后，给我一处庄子和十顷地。至于姜家和黄家，我与他们素不相识，更没见过这本书。"顾炎武斩钉截铁地说道。

事情到了这个地步，姜元衡知道无论如何也扳不倒顾炎武，只好表示不再追究。

几个月后，案件审结，顾炎武终于被保释出狱。事到如今，他对章丘再也没有留恋，只想离开这个是非之地。

恰在这时，江南故友归庄来信，劝说他回乡养老。归庄告诉顾炎武，十年来，他和叶方恒多次沟通，叶方恒表示冤仇已释，如今叶方恒又到外地做官，全家都搬走了。

归庄的诗和书信让顾炎武感慨不已，再不还

乡，不知和老友还能否相见？十几年来东奔西走，四海为家，难道真的不想求个安稳吗？可是"近乡情更怯"，这么多年不归，故乡只怕早已不是记忆里的故乡了。

思来想去，顾炎武拿不定主意，最后又返回了北京。

《日知录》

南来北往的旅途中，山东德州也是顾炎武重要的落脚地。每次到德州，顾炎武习惯住在程先贞或李涛家里，当地朋友陪他寻访董仲舒、东方朔的遗迹，并参谒苏禄国王墓。

顾炎武有感于天涯小国对大明的仰慕，欣然写下《过苏禄东王墓》：

> 丰碑遥见炳奎题，尚忆先朝宠日碑。
>
> 世有国人供洒扫，每勤词客驻轮蹄。
>
> 九河水壮龙狐出，十二城荒白鹤栖。
>
> 下马一为郯子问，中原云鸟正凄迷。

康熙九年（1670），徐乾学高中探花，名动京华。顾炎武既高兴又感慨。高兴的是三个外甥个个雄姿英发，如今一个高中状元，一个高中探花，老二徐秉义将来登科入仕也不成问题；感慨的是清朝入关以来，尊重孔孟之道，重视选拔人才，天下士子渐渐归心，大明早已成为风烟往事。

不久，程先贞来信邀请顾炎武前往德州讲学，言辞恳切，不容顾炎武拒绝。本来，顾炎武坚决反对讲学，漂泊十余年来从未开过讲席，拒绝了不少朋友的盛情相邀。他只愿与良朋好友私下聚谈，哪怕激烈相争也没关系。

这次，顾炎武同意了。

经过两次牢狱之灾，顾炎武想通了很多事情。改朝换代固然是大事，可是无论哪个朝代，总要以孔孟之道为立国之本。既然不能在庙堂之上指点江山，何不以学问匡正人心，影响更多的读书人呢？自己这么多年孜孜矻矻于著书立说，不也是想以学问传道术吗？如果能直接面对青年学子，倾听他们的心声，给予有益的引导，那自然是很有意义的。

决心既下，顾炎武更想把这次讲学搞得郑重一些，于是先期来到德州，和程先贞等人商量，然后在六月份正式南来，住到程先贞家，开始讲授《易经》。

此时，顾炎武已届花甲之年，早已是名闻天下的大学者。顾炎武讲授《易经》的消息不胫而走，德州学子纷至沓来，无不以当面聆听讲课为荣。

"诸君想必都知道，当年五胡乱华，神州陆沉，究其原因，还在清谈。诸君可能并不知道，今日之清谈更甚于前代！昔日清谈谈老庄，今日清谈谈孔孟。精华未得，已经失之于粗鄙，不追究根本，只关注言辞。论学、论政的大学问一概不问，反倒整日里讲求明心见性的空话，代替了修己治人的实学。最终导致神州荡覆，宗社丘墟！"

顾炎武之所以反对到处聚众讲学，就是怕自己沦为清谈之流，所以一开讲，自然也要首先批判清谈。

"先生是批评阳明之学，还是朱子之学？"

顾炎武讲授的间隙，也有学生鼓起勇气发问。

"若论朱熹夫子和阳明先生，本身并无过错，遗憾的是各自的后学，没有习得先师的根本，只在细枝末节上用力，最终难免沦为空无之说。诸生可要知道，何谓理学？理学即是经学。如果舍本逐末，不去攻读六经，反而沉溺于理学家的语录教条，那岂不是缘木求鱼？"顾炎武侃侃而谈。

"敢问先生，何为当务之急？"有学子问道。

"国家治乱之源，生民根本之计。"顾炎武说得慷慨激昂。随后，顾炎武结合自己多年来的游学经历，说起了读书和行路的关系："人追求学问，不日进则日退。一个人学习，没有同伴和朋友，很难取得大的成就。一个人久处一方，会不知不觉染上不好的习惯。若既不出户，又不读书，那就成了井底之蛙。"

"我们是布衣之身，哪有什么资格考虑国家治乱之源和生民根本之计呢？"

一位青年人的话引起大家的共鸣，听讲的人群里传出了附和声。

顾炎武点了点头，手捋胡须，露出了微笑。这个青年人问得很好。这不光是在座年轻人的困惑，顾炎武自己也为此困惑了很久，现在他已经彻底想通了，正好借此机会，袒露自己的心声。

"这位学子说出了我多年以来的困惑。诸君想必也有所耳闻，我曾在故乡和章丘两次陷入牢狱，两次都遭到小人陷害。起初我对他们恨之入骨，后来也就不再恨他们了，我恨的是人心和风俗啊。"说到这里，顾炎武很有感慨，他停顿许久，然后提高声音，大声说道："诸君听着：有亡国，有亡天下。怎样区分亡国与亡天下呢？易姓改号，这是亡国；仁义不行，到处是暴虐与罪恶，甚至人将吃人，这就是亡天下。所以先要保天下，然后再谈保国家。保国的事，自有那些帝王将相去做。保天下的事，则无论贵贱，人人有责。"

这番话赢得了热烈的喝彩。顾炎武示意大家安静。

"我想，不管是居庙堂之高，还是处江湖之远，我们都要永葆赤子之心。如果人人都能做到这样，即便是易姓改号，则我华夏道统依旧不绝。"

顾炎武讲得精彩贴切，吸引了越来越多的学者，甚至有当朝高官也来听课，顺便请顾炎武给自己题词、作序，顾炎武无不应允。为了感谢程先贞和德州友人的盛情，他还参与修订《德州志》，为当地留下了宝贵的财富。

"宁人兄，你讲得振聋发聩，实在是德州学子的福气啊。最近听课的人越来越多，好多人都来问你的《日知录》，很想回去抄录呢。"

讲课闲暇，程先贞问起顾炎武的《日知录》。

"正夫（程先贞的字）兄，你也知道，我的《日知录》随写随改，有时夜里写完，第二天就推翻了，有时看到古人已有类似的说法，我也坚决删掉，所以进展缓慢，现今只写了八卷，更没定稿，实在无法拿出去传抄啊。"顾炎武叹息着说。

"宁人兄对学问要求之严，实在令人敬佩。不过八卷已经不少啦，前面我也大略拜读，真是字字珠玑。依我之见，还是先将这八卷刻印出来，既能就教于方家同道，也让青年学子知道学问之所在，不知你意下如何？"程先贞诚恳地说。

"正夫兄，我觉得著书如铸钱，古人都是先到山中采铜，回来熔炼，铸造成钱。今人则不同，懒于进山采铜，径直买来旧钱，重新融化、铸造，这样铸造的钱十分粗陋。我宁愿独自进山采铜，回家熔铸，一年仅得十来条。"顾炎武说。

"哈哈，这个比方甚是恰当，采铜于山，个个都是新钱。不过，新钱好不好用，也该拿出来做个验证了。"程先贞说。

经不住程先贞的反复恳请，顾炎武终于做了决定，刻印八卷《日知录》。他做了仔细梳理，精挑细选出141条读书札记，上篇三卷讲经学，中篇三卷讲治国之道，下篇两卷为博闻杂记。

正如程先贞所言，这八卷书真正是字字珠玑，发前人之所未发，见今人之所未见。

付梓之日，德州诸友奔走相告，因为亲身见证这部巨著的诞生而感到荣幸。而顾炎武最想做的却是给陆世仪和黄宗羲寄去《日知录》，期待他们的批评。

《日知录》刻印的消息很快传到了京城。

从德州回京之后，顾炎武寄居在徐乾学家里。高中探花之后，徐乾学被钦点为翰林院编修，一时风光无两。

这天，他下朝回来，面带喜色地告诉舅舅，翰林院掌院学士熊赐履设宴相请。看着外甥受宠若惊的样子，顾炎武的心里很不是滋味。他越发觉得徐乾学变了，热衷于结交达官贵人，还有些趋炎附势。但是，昔日少年已经长大成人，顾炎武也不便多说，只是若有若无地提醒他些为官之道。

为了照顾外甥的面子，顾炎武还是决定赴宴，一起赴宴的，还有前年来京，行了拜师礼的潘耒。潘耒是故友潘柽章的幼弟，天资聪颖，有志于学。他曾多次表示要拜顾炎武为师，顾炎武考虑到自己天涯羁旅，行踪飘忽不定，多次谢绝。

熊赐履是汉阳府人，年纪与徐乾学相仿，学问上却有不凡的造诣，深得康熙皇帝的信任。

熊赐履和徐乾学、徐元文兄弟过从甚密，对顾炎武很是尊敬。酒酣耳热之际，熊赐履盛情邀请顾炎武参与修史。

顾炎武正在揣测，熊赐履何以如此热情，这时才明白他的真实目的。

"如果先生有意，我会亲自向皇上请旨，请先生主持明史的纂修。"熊赐履说道。

"学士真的这样想，那我只能学介之推逃进深山了。若是再逼迫，我宁愿像屈原那样沉江而死！"

说完，顾炎武就要起身告辞。

"舅舅，修史的事暂且不说，还是再喝点酒吧，畅饮到半夜，我让人打灯笼送您回去，怎么样？"徐乾学说道。

"世间只有私奔、纳贿之人夜行，哪有正人君子夜行的？"顾炎武斩钉截铁地说道。

熊赐履、徐乾学和潘耒不由得面面相觑，惊愕不已，也就不敢多说什么了。

博学鸿儒

康熙十二年（1673）注定是悲伤的年份，尽管开始还有些许欢乐。

这年春闱，徐秉义延续了兄长和弟弟的辉煌，再度高中探花，"三徐"成为北京城里最耀眼的政治明星。

刚刚分享完外甥们庆贺的酒宴，顾炎武便接到了程先贞病重的书信。当他日夜兼程，赶到德州的时候，程先贞已经永远闭上了眼睛。

"高秋立马鲍山旁，旅雁初飞木叶黄。十载故人泉下别，交情多愧郅君章。"想到相识相知十几年，多少次得到这位异乡老友的关怀和照顾，如今竟不能临终告别，顾炎武悲从中来，泪水早已打湿了衣袖。

顾炎武来到章丘，忽然间似乎没了游兴。他照旧读书，抄书，不断地删改《日知录》。不料，江南又相继传来顾兰服和归庄去世的消息。

程先贞比他年长许多，程先贞的去世，已经让他强烈地感到老之将至。如今，同龄的归庄和年轻两岁的族叔顾兰服的离去，让他感觉自己的生命似乎也快要走到尽头。

秋风萧瑟，顾炎武常常独自漫步在河边，或者拄着拐杖来到山脚，下意识地向南眺望。

那是故乡的方向。

故乡有他的少年时光。那时在县学，他和归庄、顾兰服常常登高吟啸，畅想未来的功业。

"弱冠始同游，文章相砥厉。中年共墨衰，出入三江汭。悲深宗社墟，勇画澄清计。不获骋良图，斯人竟云逝。"

吟罢《归高士庄》，顾炎武禁不住热泪长流。他想起老友多次劝自己回乡的殷殷之情，也想起叔父顾兰服来信，诉说心中苦闷，末尾又说，相别十八年，你是不是已经把我忘了啊？

"没忘，没忘！叔父，归兄，你们知道吗？西南方起事了。如果泉下有知，想来你们也会高兴吧。"

顾炎武对着虚空自言自语，又像是要告诉老友好消息。

西南方真的起事了！

这年秋天，大明叛臣、平西王吴三桂悍然起兵反清，福建耿精忠、广东尚之信也相继呼应，史称"三藩之乱"。

对于吴三桂这样的反复之人，顾炎武素来没有好感，不过既然是反清，那总归是好事。他在心里隐隐期待吴三桂的军队能打到京城。只是此时此刻，他自己心灰意冷，既不肯俯首帮大清做事，也不愿去趟吴三桂的浑水。

吴三桂果然不是成事之人，数年之后，还是被朝廷打败了。

康熙帝在十四岁时便铲除权臣鳌拜，如今又顺利平息三藩之乱，志得意满，于是想要广揽天下人才，振兴文教。他要求在京三品以上官员和地方督抚，都要积极推荐人才，进京参加考试，合格者优先录用。这就是博学鸿儒特科。

顾炎武是天下闻名的大学者、儒学领袖，很多大臣都以推荐顾炎武为荣。徐乾学和徐元文兄弟知道舅舅的志向，于是各方动用关系，没有让顾炎武进入推荐名录。

顾炎武决定彻底离开北京，从此远离这片是非之地。

顾炎武的朋友们却没有这么幸运。傅山、李颙、李因笃、王宏撰等人都被地方官员举荐，不得不进京应考。

此时，傅山已经是七十三岁高龄，屡屡拒绝应考。地方官员戴梦熊竟然命人抬着傅山的坐床，强迫他进京。距离京城三十里的时候，傅山宁死不再前行，当夜便寄居在崇文门外的园觉寺，绝食抗争。康熙帝听说之后，为笼络汉族读书人，表现得宽宏大度，宣布傅山免于考试，仍旧封他为中书舍人。

李因笃也是拒不从命，最后在母亲的苦苦劝说下带病进京。尽管被授予翰林院检讨的官职，他还是先后上书三十多次，请求回乡侍奉老母。康熙帝也为他的孝心打动，终于同意了。离京那天，闻名赶来送行的足有数百人。

王宏撰被迫来到北京后，也是以养病为由，拒绝参加考试。达官显贵们纷纷涌到他下榻的昊天寺，索求文章和题字。

顾炎武躲过了博学鸿儒科，却躲不过朝廷史馆的征召。

康熙帝下令编修《明史》，朝臣们纷纷推荐顾炎武来领衔这项工作。顾炎武连忙给《明史》总裁、昆山同乡叶方蔼写信，坚定而又恳切地说：

"作为同乡，您应该知道我母亲的事迹，她断指熬药，奉养婆婆，受到先朝皇帝的表彰，堪称吴中第一贞妇。国破家亡之际，母亲绝食明志，临终时殷切嘱托，教我不要做异族臣子。母命在耳，岂敢违抗！所以谁都可以出来做官，唯独我顾炎武不能。我已经是古稀之年，还有什么可留恋？如果苦苦相逼，那我只能以死相争了。"

叶方蔼万万想不到顾炎武如此慷慨激烈，只好作罢。

顾炎武严格遵守母亲的遗命，坚决不肯出仕。他知道编修《明史》事关重大，应该由硕学鸿儒领衔。当他听说黄宗羲让学生万斯同进京应命的时候，心里还是感到很欣慰。

此时，徐元文以大学士的身份出任《明史》总裁，万斯同便寓居在徐元文家里，既不接受朝廷给的官衔，也不接受俸禄，始终以布衣身份参与修史。

听到这些消息，顾炎武连写两封信，一封给史馆，一封给外甥徐元文。他殷切勉励各位学者，期待他们编写出无愧于后世的史书，同时也谆谆教诲在京的三位外甥。

秦、晋两地的朋友们都挣脱罗网，平安归来，顾炎武无比欣慰。他已经决定不再回到京城这片是非之地了。至于章丘的田产庄园，托付给外甥之后，他也不愿多费心思。雁北终究是苦寒之地，往来多有不便。这样看来，多年前去过的华阴真的很适合终老。

这时，李因笃侍奉母亲回了富平老家，盛情邀请友人前来聚会。顾炎武欣然前往。

富平县城往北七八里地有浮山，浮山脚下有座镜波园。园子傍山临水，风光旖旎，堪比江南名园。园主人姓朱，父亲朱廷相，儿子朱树滋，父子二人都雅好诗文，喜欢结交文士，家中更是藏有万卷图书。

顾炎武到来后不久，傅山、李颙和李柏也相继来到了镜波园。

朱家父子为自家园林吸引来这么多顶尖学者而欣喜如狂，连忙开辟房舍，殷勤招待，又开放书室和讲坛，恭请学者们登坛论道，为当地学子广见闻，增见识，长学问。学者们也不再客气，纷纷拿出生平绝学，慷慨陈讲。一来可以造福后辈学者，二来可以与同道切磋学问，也算是一举数得。

镜波园外恰好有座酒坊。村醪虽薄，却能解忧，也能助兴。朱树滋让酒坊每天都来送酒，好让先生们尽兴。长夜漫漫，朋友们便在月下开怀畅饮，偶尔点燃篝火，围炉夜话。

结庐在人境，而无车马喧。问君何能尔？

心远地自偏。采菊东篱下，悠然见南山。山气日夕佳，飞鸟相与还。此中有真意，欲辨已忘言。

酒酣耳热之际，顾炎武情不自禁地吟唱起陶渊明的《饮酒诗》，朋友们拍手相和，歌声直上云霄。此时此刻，顾炎武仿佛穿过碌碌风尘，回到了千灯浦上。从前祖父尚在，母亲康健，叔父顾兰服和好友归庄更是青春年少，他们荡舟浦上，登高远望，何其快哉！如今故园千里，亲友零落，唯有自己漂泊如飞蓬。

不知不觉间，泪水已经盈满了顾炎武的眼眶。

酒酣耳热之际，顾炎武情不自禁地吟唱起陶渊明的《饮酒诗》。

从华阴到曲沃

　　欢乐的时光总是很短暂。回首镜波园中的往事，竟是恍然如梦。

　　傅山先行离去，李颙、李柏等人也先后告辞。顾炎武接到王宏撰的信后，也来向朱家父子和李因笃告别。

　　李因笃奉养母亲，不敢远行，只好依依惜别。

　　"今日一别，不知何时方能再见先生？"李因笃送了一程又一程。

　　"我老矣，恐怕不能再远行了。这次只是暂住华阴，好在相隔不远。"顾炎武说道。

　　康熙十八年（1679），六十七岁的顾炎武来到华阴，住在王宏撰新建的读易庐。距离康熙二年初次来华阴，已经过了十六年。顾炎武渐渐喜欢上了这个地方。华阴地处秦、晋、豫三省之间，面向黄河，背依华山，西去是关中腹地，直达古都西安，向东则是洛阳，乘船直下运河，直通故乡。

最重要的是这里有王宏撰。王宏撰比顾炎武年轻九岁，早已是名闻九州的大学者。他精通《易经》，勤学不辍，对于顾炎武的学问钦佩有加，还能批评和纠正，提出恰当的建议。王宏撰也是复社成员，早年游历江南，对于江南学者和风俗非常熟悉，顾炎武和他闲谈，经常有故友之感。

"春花落尽鸟空啼，春水东流人向西。有梦常依桃叶渡，寄书应到碧云溪。"王宏撰的绝句《留别白门友人》，让顾炎武玩味不已，每次细细吟咏，仿佛又回到了骑驴走过南京秦淮河、桃叶渡的岁月。

对于顾炎武的到来，王宏撰自然是非常欣喜，能与这样一位好友晨昏相伴，苦研经学，实在是人生快事。

唯独顾炎武的三位外甥，听说舅舅有卜居华阴的想法，都很不放心。他们已经商定，要在家乡昆山为舅舅修造园林，希望舅舅能回乡养老。

故乡的消息传到耳边，勾起无限的回忆。他不知道自己还能活多久，忽然也很想回去看看。至于修造园林，他心里却不愿意。

人生七十古来稀。接近古稀之年，顾炎武知道留给自己的时间不多了，于是更加辛勤地修订《音学五书》和《日知录》。自从康熙九年刻印八卷之后，顾炎武继续添加内容，至此已经多达三十卷，俨然是一部巨著。

华阴当地的青年学子得知顾炎武寓居华阴之后，无不渴望亲聆教训，纷纷请求他开坛讲学。顾炎武和王宏撰携手来到云台观，热情开讲。他从自己的经历说起，谈论自己读书治学的经验，令人耳目一新。

随着年龄的增长，顾炎武感觉自己对朱熹的看法正在发生变化。壮年时抗拒科举，自然而然地抗拒朱熹的学问，而今踏遍天涯，见识了蝇营狗苟的人间世相，他又觉得朱熹之学绝不可少，尤其是对大部分读书人来说更是这样。

他和王宏撰商量，愿意拿出自己的积蓄，在华阴建造朱子祠堂和考亭书院。王宏撰深表赞同，立即找到华阴县令迟维城，说了顾炎武的愿望。迟维城也是名教中人，听说一代儒宗要在华阴建造书院，自然是极力支持，于是在云台观以西辟出空地，并且号召当地士绅捐资，共襄盛举。

祠堂和书院的工程进行得如火如荼，顾炎武接到曲沃故友卫蒿的邀请，请他到绛山书院讲学。

卫蒿是山西有名的学者，两人相识于太原傅山家中。卫蒿有志于传播理学，书院建成后首先想到邀请顾炎武前来。

顾炎武有病在身，本不愿远行，却又不忍心拂逆故人殷切相邀的美意。再者他也对晋国古都曲沃充满好奇，很想去看看。

西周之初，成王"桐叶封弟"，封弟弟叔虞于唐，叔虞去世之后，其子燮父改国号为晋，晋成侯又迁都于曲沃。曲沃的绛山之南有绛水，蜿蜒曲折，盘旋萦回。

顾绛来绛山，绛山绕绛水。想到小时候的名字和绛山、绛水相同，顾炎武感到非常亲切，难道冥冥之中自有安排，要让自己终老于此吗？

顾炎武来曲沃，受到当地官绅的热烈欢迎。顾炎武先是寓居在卫蒿的绛山书院，因为书院地处闹市，气氛嘈杂，便又接受韩宣的邀请，搬到曲沃以东韩村的宜园。

曲沃深厚的历史文化和优美的风光给了老年顾炎武无尽的慰藉。宜园恰如其名，绿树掩映，溪水清澈，颇有江南园林的韵致。顾炎武在这里整理著作，准备刊印《音学五书》，他疲惫时便到园中漫步，或者策杖出门，看看当地名胜白石楼、观音峰。

康熙十九年（1680）冬天，故乡再度传来噩耗，结发妻子王夫人病逝。

这些年顾炎武浪迹天涯，和夫人聚少离多，然而每次想起故乡，便觉得夫人健在，家也就在。如今夫人先他而去，令他感到无尽的哀伤。长夜独坐，回想起夫人的种种好处，顾炎武忍不住泪如雨落。

夫人是嗣母的亲侄女，也像嗣母那样知书达礼，在家任劳任怨地主持家务，侍奉长者。因为叶方恒的迫害，顾炎武颠沛流离，夫人在家也是战战兢兢，不得片刻安宁。每次丈夫从外面回来，她都告诉他家里很好，不用惦记，顾炎武当然知道夫人承受了些什么。昆山沦陷之际，夫人也曾踊跃支前，彻夜缝制军衣。千灯的大火，语濂泾的劫难，夫人在身边，给了丈夫最多的安慰。只是两人结婚以来，夫人始终没有生育，故而多年来郁郁寡欢，不得展眉。

顾炎武匆匆为夫人设了灵位，独坐灯前，算是送夫人最后一程了。

"摩天黄鹄自常饥，但惜流光不可追。他日乐羊来旧里，何人更与断机丝。"

顾炎武含泪写了五首悼亡诗。他觉得自己就像魏国的乐羊，夫人的贤惠堪比乐羊之妻。当年乐羊在路上捡了块金子，喜不自胜，妻子却说，志士不饮盗泉之水，廉者不受嗟来之食，何况是捡来的金子。乐羊很惭愧。后来，乐羊外出游学，不到一年就回来了。妻子割断了织机上的丝线，劝丈夫说，学业如织布，需要寸寸积累，不可半途而废。乐羊深受感动，七年求学，终成名将。

"你有乐妻之贤，可惜我无乐羊之成啊。"

泪眼朦胧中，顾炎武仿佛看见了少年时候的自己。那时妻子刚进门，两人恩恩爱爱，畅谈着往后的日子。只是谁也不曾料想，如今生死之际，竟是天南地北。

华阴新落成的朱子祠堂气派庄严，门前悬挂着顾炎武亲笔撰写的楹联："慨声教之未加，一统神州，有待百年之治；睹威仪之如在，重开圣学，无惭三代之英。"

他在这里住了半年，读书，写作，接待附近来访的学者。王宏撰正在江南游历，尚未归来。

曲沃又有信来。卫蒿和韩宣盛情相邀。

顾炎武围着祠堂看了看，感觉心满意足。他想，等王宏撰远游归来，那时再邀请山西和陕西的朋友们来这里开坛授课，足以成为三秦大地上的盛事。

康熙二十年（1681）八月初，顾炎武安排好人看守祠堂，自己带着简单的行李，离开华阴，渡过黄河，再次来到曲沃。岂不知，这是他与华阴最后的告别。

也许是因为年岁已高，也许是因为受了风寒，顾炎武刚到曲沃，便得了大病，上吐下泻，情势危急。曲沃县熊县令派人寻访当地最有名的医生，专门来给顾炎武诊脉。吃了三五付药，顾炎武情况好转，住到了宜园。

漂泊三十载，从未遭遇如此凶险的病情，顾炎武忽然有些着急起来，他还有那么多事情没有做完。

身体状况稍有好转，顾炎武便披衣坐起，不停地修改、增删《日知录》。现在看来，这部心心念念，耗尽半生心血的大作要止步于三十卷了。他对这部作品要求极为严苛，看到不满意的条目，或者发现别人已有的观点，立即删除。好像农夫除掉田中的稗苗，他不能容许自己的田地有稗草。

写书人最知道著书之难。

要不要继续刻印出来？唉，刻出来给谁看？还是藏之名山，以待后人吧。

十三年后，潘耒将在福建建阳正式刻印老师的巨著《日知录》。作为顾炎武最看重的学生，他深知《日知录》的重要："先生非一世之人，此书非一世之书也！"

这年冬天，顾炎武的病情似乎又加重了。

李因笃得到老友生病的消息，心急如焚，恨不得星夜奔赴而来，像当年他去济南照料顾炎武那样。无奈连日大雪，道路不通，李因笃只能做诗安慰，安排自己的儿子带上诗和书信，赶到曲沃探望和服侍顾炎武。

老朋友的信和诗犹如良药，顾炎武回想李因笃对自己的深情厚谊，感动不已，挥笔写了《酬李子德二十四韵》，告慰他的思念之情。

"戴雪来青鸟，开云见素书。故人心不忘，旅叟计何如？上国尝环辙，浮家卜未居。康成嗟耄矣，尼父念归与。"

他真真切切地感觉自己老了，更加想念故乡，然而现在稍稍迈步都离不开拐杖，只怕再也承受不了旅途劳顿。这一生，就这样终老于曲沃吗？

无论如何，年关总算过得平安。

康熙二十一年（1682）正月初四，韩宣在宜园安排盛宴，招待曲沃亲朋。顾炎武感觉精神尚可，欣然赴会。多少年的春节都是在旅途中度过，他甚至有些害怕这个万家团圆的日子，如今新旧朋友的热情，让他感受到家的温暖，酒宴上，他还喝了好几杯酒。

初八那天早晨，顾炎武看了看窗外，红日正在冉冉升起，照得大地无比明亮。

"汀茫久矣！汀茫久矣！"顾炎武忽然想起傅山的玩笑。

这天，他要亲自去答谢熊县令和各位朋友。族子衍生牵过马来，李因笃的儿子扶着他上马，嘱咐他小心。

"你们留下吧，我自己去就行。"

顾炎武一边上马，一边嘱咐两位后生。不料，左脚忽然一软，他从马背上摔落下来。顾衍生连忙过来搀扶。可是，顾炎武再也无法起身，只是伏在衍生怀里剧烈地喘息。

当天夜里，韩宣、卫嵩、熊县令和朋友们都来探望。顾炎武躺在床上，艰难地看着大家，试图开口说话，却又毫无力气。

鸡鸣时分，一代巨儒永远合上了眼睛。

顾炎武去世之后，韩宣等曲沃好友为他操办了后事。韩宣收拾整理顾炎武的遗作、手稿、信札，亲自护送他的灵柩回归千灯。

王宏撰得到消息，急忙赶回华阴，然而顾炎武的灵柩已经运回故里。王宏撰便在潜村以东为顾炎武修筑衣冠冢，嘱咐儿孙年年焚香祭拜。

顾炎武
生平简表

● ◎ 明神宗万历四十一年（1613）

出生于江苏昆山千灯镇。

● ◎ 万历四十七年（1619）

入私塾读书。

● ◎ 明熹宗天启六年（1626）

进入昆山县学。读完《资治通鉴》，开始读《尚书》《诗经》《春秋》。

● ◎ 明思宗崇祯二年（1629）

和归庄一起加入复社。

● ◎ 崇祯三年（1630）

第一次参加乡试，落第。

● ◎ 崇祯十二年（1639）

乡试再次落第，发奋读书，开始撰写《肇域志》《天下郡国利病书》。

● ◎ 崇祯十四年（1641）

嗣祖父顾绍芾病逝，家中变故不断。

● ◎ 崇祯十七年（1644）

李自成攻陷京师，崇祯帝自缢于煤山。清兵入关。福王即位于南京，顾炎武被荐为兵部司务。

●◎清世祖顺治二年（1645）

撰写《军制论》《形势论》《田功论》《钱法论》。五月，南京城破，顾炎武在苏州投笔从戎。七月，昆山城破，嗣母王夫人绝食而死。隆武政权授顾炎武为兵部职方司主事。

●◎顺治八年（1651）

至南京，第一次拜谒孝陵。

●◎顺治九年（1652）

往来于江淮。撰成《天下郡国利病书》，始有北游之意。

●◎顺治十一年（1654）

移居到南京神烈山下，自号蒋山佣。

●◎顺治十二年（1655）

四谒孝陵。五月，擒杀叛奴陆恩，被逮入狱，九月获释。

●◎顺治十六年（1659）

登临山海关、居庸关，初谒十三陵。

●◎清圣祖康熙元年（1662）

三谒十三陵。谒曲阳北岳庙。入山西，拜谒尧庙。

●◎康熙二年（1663）

游山西、陕西，结识傅山、李因笃、李颙、王宏撰等。《明史》案发，潘柽章、吴炎等人死难。

●◎康熙五年（1666）

在山西太原结识朱彝尊。在代州会晤李因笃、屈大均。众人筹资垦荒雁门关北。

●◎康熙七年（1668）

《忠节录》案发，亲到济南投案。三月入狱，九月获释。

●◎康熙十年（1671）

坚辞熊赐履纂修《明史》之请，游山东、山西。

●◎康熙十七年（1678）

朝廷开博学鸿儒科，顾炎武以死相拒。从此不再入京。

●◎康熙二十一年（1682）

正月初九，病逝于曲沃。